Garnieren und Verzieren

Rudolf Biller

INHALT

Zitrusfrüchte	6	Garnituren mit Eiern	74
Stein- und Kernobst	14	Aspik	80
Exotische Früchte	20	Cocktailhappen und Canapés	86
Knollen und Wurzelgemüse	28	Medaillons und Cocktails	90
Zwiebeln	37	Cremegarnituren	94
Fruchtgemüse	40	Schokolade- und Zuckerglasur	98
Sprossgemüse	50	Marzipan	104
Kürbisse und Gurken	56	Puderzucker und Kakao	108
Pilze	66	Register	110
Brandteiggebäck	68		
Buttergarnituren	70		

ZITRUSFRÜCHTE

Zitrone und Limette

Zitronen und Limetten gibt es das ganze Jahr über zu kaufen: Zitronen in jedem Lebensmittelgeschäft, Limetten in guten Obst-Gemüse-Läden oder Feinkostgeschäften.

Die Hauptlieferländer für Zitronen sind Italien (Sizilien) und Spanien; Limetten kommen aus Brasilien, Mexiko und Ekuador. Zitronen und Limetten sind nahe Verwandte, obgleich sie sich äußerlich sowohl durch die Farbe der Schale als auch durch die Größe voneinander unterscheiden: Limetten sind kleiner als Zitronen, dünnschalig und haben eine kräftig grün gefärbte Schale.

Orange

Die Hauptlieferländer für Winterorangen sind Spanien und Israel sowie Marokko, Italien und Griechenland. Sommerorangen kommen vor allem aus Südafrika, Südamerika und Kalifornien. Obwohl etwa 400 Orangensorten bekannt sind, unterscheidet der Handel grundsätzlich zwei Hauptgruppen: blonde Orangen mit heller Schale und hellem Fruchtfleisch sowie Blutorangen, bei denen das Fruchtfleisch und manchmal auch die Schale blutrot gefärbt sind.

Vertreter der blonden Orangen sind beispielsweise Navel-Orangen mit der eingebetteten Zweitfrucht sowie Shamouti oder Jaffa.

Blonde Orangen sind das ganze Jahr über erhältlich, Blutorangen von Dezember bis Mitte März.

Mandarine

Mandarinen sind kleiner als Orangen und haben eine sehr lose sitzende Schale, die sich leicht entfernen läßt. Beim Kauf von frischen Mandarinen sind kernlose Arten vorzuziehen; zu empfehlen ist die Sorte Clementine.

Mandarinen gibt es auch als Konservenware. Konservenfrüchte sind bereits filetiert und eignen sich daher besonders gut für Dekorationen.

Was ist beim Kauf von Zitrusfrüchten zu beachten?

<u>Reifegrad:</u> Grundsätzlich sollten die Früchte frische, pralle Schalen und Druckfestigkeit haben. Eine schrumpelige Schale ist nicht nur unschön für Dekorationen, sondern weist auch auf ungenügende Frische hin. Früchte mit einem Anflug von Schimmel sind in jedem Fall unbrauchbar!

<u>Hinweis:</u> Eine tiefgrüne Schale bei Limetten ist übrigens ein Zeichen für den richtigen Reifegrad.

Behandelte Früchte

Die meisten Zitrusfrüchte – eine Ausnahme bilden die Limetten – werden nach der Ernte speziell behandelt, um eine längere Haltbarkeit zu gewährleisten und die Früchte vor einem Befall mit Blau- oder Grünschimmel zu schützen. Dazu wird die Schale gewachst und mit Konservierungsstoffen behandelt. Diese Konservierungsstoffe lassen sich auch durch Waschen mit heißem Wasser nicht entfernen. Wer die Schale mitverwenden möchte, sollte nur unbehandelte Zitrusfrüchte benutzen. Aber auch hier gilt: Die Früchte sollten vor der Verarbeitung grundsätzlich abgewaschen werden.

Arbeitsgeräte

Für glatte Schnitte bei Zitrone und Limette wird ein kleines Küchenmesser verwendet.
Für Orangen braucht man wegen des größeren Durchmessers der Früchte ein mittleres bis größeres Messer.
Mit dem Kanneliermesser werden Kerben in die Schale von Orangen und Zitronen geritzt. Schneidet man die Früchte anschließend in Scheiben, ergibt sich ein sternförmiges Muster.
Zum Ausstechen von Zitronen-, Limetten- oder Orangenscheiben werden acht bis zehn verschieden große Ausstecher benötigt. Bei Ausstechern mit glattem Rand läßt sich die Schale der Zitrusscheibe durch eine Drehung des Ausstechers leicht vom Fruchtfleisch lösen.

ZITRUSFRÜCHTE

SCHEIBEN

Für Dekorationen mit Scheiben eignen sich Zitronen und Orangen, aber auch Limetten.

KANNELIEREN

Mit dem Kanneliermesser wird die Schale der ganzen Frucht senkrecht eingekerbt.
Die kannelierte Frucht anschließend in Scheiben schneiden – zum Belegen oder für den Glasrand etwas dicker, für gedrehte Scheiben etwas dünner.

GETEILTE SCHEIBEN

Glatte oder kannelierte Scheiben halbieren, vierteln oder achteln.

AUSSTECHEN

Die Zitrusfrucht in etwa 5 bis 7 mm starke Scheiben schneiden und das Fruchtfleisch mit einem glatten oder geriffelten Ausstecher ausstechen. An der Scheibe darf keine Schale übrigbleiben.

FÄCHER

3 bis 4 halbe Scheiben fächerförmig hintereinandersetzen.

Kannelieren

Scheiben schneiden

Teilen

Ausstechen

Ausgestochene Orangenscheibe mit Melonenkugel und Trüffelspitzen

Kannelierte Zitronenscheiben mit Kirschtomaten, Angelikarauten und Trüffelpunkt

Halbe Zitronenscheiben mit glatter oder kannelierter Schale, verziert mit Scheiben von gefüllten Oliven, Angelikarauten oder Melonenkugeln

Orangensechstel mit Cocktailkirsche und Trüffel oder schwarzer Garniermasse

Orangenscheiben mit ausgestochenen Paprikahalbmonden und Melonenkugel, rechts davon kannelierte Zitronenscheibe mit Paprikaherzen, darunter ausgestochene Orangenscheibe mit Tomaten-Angelika-Blume und Trüffelellipsen

Zitronenfächer mit Angelikarauten, Paprikastern und Melonenkugel

ZITRUSFRÜCHTE

Eingekerbte Scheiben

Die glatte oder kannelierte Scheibe einer Zitrusfrucht bis zur Mitte einschneiden.
Für eine Tüte die zwei Enden einer dünnen eingekerbten Scheibe übereinanderschieben, so daß ein Trichter entsteht.
Für eine Spirale die Schnittflächen einer dünnen eingekerbten Scheibe jeweils nach vorn und hinten drehen.
Für eine Schlangenlinie mehrere eingekerbte Scheiben zu Spiralen drehen und diese leicht versetzt hintereinanderlegen.

Spalten

Die Frucht der Länge nach halbieren und die Hälften jeweils in vier bis fünf Schnitze teilen.

Orangenfilets

Die Schale der Orange oder Zitrone an der Stiel- und Blütenseite abschneiden, bis das Fruchtfleisch zu sehen ist.
Die Schale dicht am Fruchtfleisch entlang abschneiden.
Die einzelnen Filets mit einem scharfen Messer herauslösen.

Scheiben oder Hälften mit Schleife

Bei einer Scheibe die Schale rundherum fast ganz abschälen und den Streifen dann zu einem Knoten einschlagen.
Bei einer halbierten Frucht am Rand einen 5 mm breiten Streifen der Schale leicht schräg fast ganz abschälen und ebenfalls zum Knoten einschlagen.

Glasrandverzierung

Eine Zitrone vierteln oder achteln. Die Schale etwa 3 cm flach einschneiden, aber nicht abschneiden. Die Zitronenecke an dem eingeschnittenen Stück Schale an den Rand eines Glases hängen.

Filets

Zitronenspalten

Zitronenspirale und Zitronentüte

Zitronenhälfte mit Schleife, darunter Fächer aus Orangenfilets

Zitronentüte mit drei Cocktailkirschen und Angelikarauten

Fächer aus drei Zitronenspiralen auf kannelierter Zitronenscheibe mit Olive

SEEROSE

Die Schale einer Orange oder Mandarine mit einem spitzen Messer etwa drei Viertel von der Blüte bis zum Stielansatz etwa achtmal einritzen.
Die Schalenspitzen vorsichtig lösen und auseinanderbiegen. Die Orangenschnitze behutsam voneinander lösen.

Orangenblüte

Mandarinenkrone mit Cocktailkirsche sowie verschiedene Verzierungen für einen Glasrand

Schleifenrand

Zitronentüte mit Mandarinenspalte, Cocktailkirsche, Angelikaraute und Walnuß, daneben Spirale aus kannelierten Zitronenscheiben

Zitronenspalten mit Scheiben von gefüllten Oliven

ZITRUSFRÜCHTE

ORANGENKÖRBCHEN

Die Orange oben und unten abflachen und halbieren. Das Fruchtfleisch mit einem Löffel aus den Hälften herausnehmen. Eine weitere Orange kannelieren, zwei dicke Scheiben abschneiden und diese mit aufgelöster Gelatine oder mit Aspik (Rezept Seite 82) einpinseln. Jeweils eine ausgehöhlte Orangenhälfte darauf setzen. Nochmals etwas Aspik in die Orangenhälften geben. Nach dem Gelieren des Aspiks ist die Hälfte dann flüssigkeitsdicht. Sie kann beliebig gefüllt werden.

Aushöhlen

HENKELKÖRBCHEN MIT GLATTEM ODER GEZACKTEM RAND

Mit einem scharfen Messer den Henkel nach dem Verlauf der gestrichelten Linien glatt aus der Frucht ausschneiden. Das Fruchtfleisch herausnehmen. Beim zweiten Körbchen oberhalb der Fruchtmitte einen 2 cm breiten Streifen schneiden. Die Frucht in der Mitte bis zu den Henkelansätzen zackenförmig einschneiden.

Körbchen

KRONE

Die Mitte der Frucht markieren, damit die Einschnitte später gleichmäßig werden. Die Frucht bis zum Mittelpunkt im Zickzackmuster mit einem spitzen Messer durchstechen. Die Hälften vorsichtig voneinander trennen. Damit die Hälften fest aufgestellt werden können, am unteren Ende jeweils eine dünne Scheibe abschneiden. Das Fruchtfleisch herauslösen.

Krone

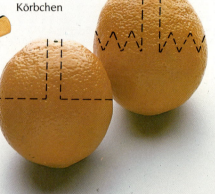

Orangenkörbchen mit glattem Rand, gefüllt mit Oliven

Orangenkrone gefüllt mit Waldorfsalat

GELEEORANGEN UND -ZITRONEN

Die Früchte der Länge nach halbieren und das Fruchtfleisch vorsichtig mit einem Löffel herauslösen. Die vorbereiteten Hälften für einen sicheren Stand auf ein Glas setzen.
Das Mint- und Johannisbeergelee in die ausgehöhlten Hälften gießen und im Kühlschrank erstarren lassen. Dann die Früchte in Garniturecken schneiden.

Geleeorange

Orangenkörbchen mit gezacktem Rand, gefüllt mit Senffrüchten

Orangenecken mit Johannisbeer- und Mintgelee

Kanneliertes Orangenkörbchen mit Obstsalat

Stein- und Kernobst

Apfel

Äpfel werden weltweit in über 20 000 verschiedenen Sorten gezüchtet. Trotzdem ist der Apfel eine Frucht gemäßigter Klimazonen, da er nur hier die Ausgewogenheit von erfrischender Säure und schmackhafter Süße erhält.
Die deutsche Apfelsaison beginnt etwa im August mit den Kläräpfeln, dann folgen Gravensteiner und James Grieve. Danach kommen die Wintersorten Cox's Orange, Boskop und viele andere. Im Frühjahr setzt die Saison der Importfrüchte ein. Die wichtigsten Sorten sind Golden Delicious, Granny Smith und Jonathan.

Äpfel für Garnierungen und Verzierungen

Da sich das Apfelfruchtfleisch schnell bräunlich färbt, wenn die Früchte geschält oder aufgeschnitten wurden, müssen die Äpfel vor der Verarbeitung als Garnierung speziell behandelt werden.
Um eine Verfärbung zu verhindern, sollte man die Früchte nach dem Zurechtschneiden entweder pochieren (siehe Seite 16), die Schnittstellen mit Zitronensaft beträufeln oder die Früchte mit Aspik (Rezept Seite 82) überziehen.

Birne

Birnen werden in über 5000 Sorten gezüchtet. Man unterscheidet Tafelbirnen mit saftigem, weißen und süßen Fruchtfleisch sowie Kochbirnen, die ziemlich hart und wenig saftig sind.
Für Birnen gibt es nur einen kurzen Erntezeitraum, da die Früchte rasch verderben. Zum Kochen werden deshalb oft Birnen aus der Konservendose verwendet – besonders bekannt ist hier die Williamsbirne.

Pfirsich

Pfirsiche gibt es in über 2000 Sorten. Die Früchte haben eine samtigweiche Haut und festes, saftiges Fruchtfleisch mit einem großen Stein.
Man unterscheidet Pfirsiche nach Sorten, die sich leicht vom Stein lösen und solchen, deren Fruchtfleisch daran hängenbleibt.
Pfirsiche gibt es von April bis September. Die Früchte werden in dieser Zeit aus Italien, Griechenland und Frankreich importiert. Im Winter kommen Pfirsiche aus Südafrika auf unseren Markt. Pfirsiche lassen sich mit Himbeeren und Erdbeeren kombinieren.

Arbeitsgeräte

Mit dem Sparschäler kann das Kernobst hauchdünn geschält werden.
Das Küchenmesser für das säuerliche Kernobst sollte unbedingt rostfrei sein, da es sonst anlaufen würde. Es wird zum Schneiden von Scheiben und zum Teilen verwendet.
Mit dem Apfelteiler kann ein Apfel in gleichmäßige Spalten geschnitten werden. Dabei wird gleichzeitig das Kerngehäuse entfernt.

Ausstecher werden zur Vorbereitung von Äpfeln zum Füllen verwendet. Für den inneren Rand nimmt man einen kleineren Ausstecher mit etwa 3,5 bis 4 cm Durchmesser. Der Ausstecher für den äußeren Rand muß größer sein, etwa 5 bis 6 cm, und kann auch einen gewellten Rand haben.
Für Äpfel und Birnen, die gefüllt werden sollen, benutzt man Kugelausstecher in verschiedenen Größen, um das Kerngehäuse zu entfernen oder die Frucht auszuhöhlen.

Stein- und Kernobst

Äpfel schälen

Äpfel werden mit dem Sparschäler spiralförmig geschält. Bei halben Äpfeln das Kerngehäuse mit einem Kugelausstecher herausheben.
Werden Apfelschnitze benötigt, schneidet man das Kerngehäuse mit einem kleinen Messer halbmondförmig aus.

Äpfel pochieren

Den Apfel entsprechend der Garnierung zurechtschneiden und anschließend in Weißwein pochieren. Zur geschmacklichen Abrundung etwas Zucker, eine Zimtstange und etwas Zitrone hinzufügen. Je nach Dauer der Pochierzeit werden die Apfelstücke entweder weich oder bleiben noch knackig.

Äpfel panieren

Die abgetropften Scheiben in Mehl wälzen und in einer Pfanne mit Butter gleichmäßig braun braten.
Oder: Die Scheiben in Mehl, verquirltem Ei und gehobelten Mandeln oder mit Kokosflocken panieren. Danach in der Friteuse oder in einer Pfanne mit etwas geklärter Butter goldbraun backen.

Schälen

Kerngehäuse entfernen

Pochierte Apfelscheibe

In Mandeln panierte Scheibe

In Kokosflocken panierte Scheibe

Gedunsteter Apfel zum Füllen

Hierfür eine kleine Apfelsorte, zum Beispiel Berlepschäpfel oder Cox's Orange verwenden. Ersatzweise können größere Äpfel auch entsprechend ausgestochen werden.
Zum Ausstechen benötigt man verschiedene Ausstecher (glatte und gewellte Formen können verwendet werden): ein größerer Ausstecher für außen, ein kleinerer Ausstecher für innen, ein Kugelausstecher, um das Kerngehäuse zu entfernen.
Mit dem großen Ausstecher die Außenseite des Apfels ausstechen. Den kleineren Ausstecher etwa einen Zentimeter in den Apfel drücken und mit dem Kugelausstecher das Kerngehäuse sauber entfernen, ohne den äußeren Rand zu beschädigen.
Die fertigen Äpfel in Weißwein zusammen mit Zucker, Zitronenschale, Nelke und Zimtstange pochieren.

Ausgestochener Apfel für Füllungen

Gefüllter Apfel mit Preiselbeeren, Mandelrand und Melonenkugel, daneben gefüllter Apfel mit Cocktailkirschen und Angelikarauten, darunter gefüllter Apfel mit Maronenmus, Pistazien und Marone

Pochierte Apfelscheiben mit Pistazienrand, Melonengurken und Cocktailkirsche. In der Mitte mit Kiwischeibe und Kurpflaume, links mit Maronenmus, Mandelsplittern und Erdbeere

Apfelspalten mit halbierten Scheiben von Kiwis, Kurpflaumen und Erdbeerstücken

Stein- und Kernobst

Birnen schälen

Birnen werden mit dem Sparschäler vom Stiel zur Blüte geschält. Das Kerngehäuse wird entfernt wie beim Apfel.

Gedünstete Birne zum Füllen

Die Birne schälen und halbieren. Das Kerngehäuse mit einem Kugelausstecher herausheben und die Birnenhälften in Weißwein zusammen mit Zucker, Zimtstange, Nelken und Zitronenschale pochieren. Je nach Dauer der Pochierzeit wird die Birne entweder ziemlich weich oder hat noch „Biß".
Die Birnenhälften im Weißweinfond erkalten lassen und vor dem Füllen an der Unterseite etwas abflachen, damit sie besser stehen.

Igel

Das Obst schälen und halbieren oder Dosenfrüchte verwenden. Das Kerngehäuse mit einem Kugelausstecher entfernen. Die Hälften außen mit gerösteten Mandelstiften spicken. Die Mandelstifte vorher im Backofen bei 180 °C goldbraun rösten.

Pfirsiche schälen

Den Pfirsich etwa eine halbe Minute in kochendes Wasser legen und anschließend in kaltem Wasser abschrecken. Die Frucht etwa 3 Minuten im kalten Wasser lassen, herausheben und die Schale mit einem spitzen Messer ablösen.

Schälen

Kerngehäuse entfernen

Unterseite abflachen

Igel

Schälen

Stein entfernen

Birnenhälfte mit Maronenmus, Angelikaraute, Preiselbeeren und Marone

Pfirsichsteine entfernen

Den Pfirsich rundherum von der Stielseite her einschneiden und durch Verdrehen der beiden Hälften die Frucht vom Stein lösen.

Pfirsichstücke

Die Pfirsichhälften parallel zur Schnittfläche in ganze Scheiben und senkrecht zur Schnittfläche in halbe Scheiben zerteilen. Durch drei diagonale Schnitte erhält man sechs Pfirsichecken.

Birnenigel

Kannelierte Blutorangenscheibe mit Pfirsichhälfte, Erdbeeren und Melonenkugel

Birnenspalten mit Erdbeere und Pistazien

Pfirsichecken mit Cocktailkirschen

Pfirsichigel
Die Pfirsichhälften werden genau wie beim Birnenigel mit gerösteten, gestifteltenMandeln gespickt. Hierfür können auch Pfirsichhälften aus der Dose verwendet werden

Exotische Früchte

Ananas

Ananas sind das ganze Jahr über erhältlich und werden frisch – wegen ihrer vielseitigen Verwendungsmöglichkeiten – als Tischdekoration geschätzt.
Die Reife der Ananas erkennt man an der Farbe der Schale: Wenn diese vom anfänglichen Hellorange über Dunkelorange in ein kupfriges Rot umgeschlagen ist, ist die Frucht reif.

Die richtige Lagerung

Die Ananas ist empfindlich: Sie verträgt keine Kälte (18°C ist die richtige Lagertemperatur) und keinen Druck. Wenn man einen starken Zwirnsfaden unterhalb vom grünen Schopf der Frucht befestigt und die Ananas aufhängt, läßt sich das Druckproblem lösen.

Banane

Die Banane ist eine süße tropische Frucht, die meist roh gegessen wird. Bananen können aber auch gekocht, gebraten und flambiert werden.
Für die warme Küche sollten immer gerade eben reife Bananen verarbeitet werden; zum Rohessen eignen sich vollreife Früchte mit kleinen dunklen Pünktchen auf der Schale am besten.
Bananen sollten bei Zimmertemperatur gelagert werden. Am besten ist es, sie nicht zu dicht in einer Obstschale zu stapeln. Im Kühlschrank wird der Reifeprozeß unterbrochen, die Früchte schmecken bitter.
Wenn Bananen als Garnierung verwendet werden, sollten die geschälten Früchte und eventuelle Schnittflächen mit Zitronensaft beträufelt werden, damit sie sich nicht braun verfärben.

Kiwi

Kiwis sind etwa eigroß und haben eine bräunlich-grüne, haarige Schale, die nicht mitgegessen werden kann. Das Fruchtfleisch der Kiwis ist leuchtendgrün, innen etwas heller und durchsetzt mit einem Kranz schwarzer Kernchen. Es schmeckt säuerlich aromatisch, erfrischend und erinnert ein wenig an Stachelbeere und Melone.
Wegen ihrer frischen Farbe und dem dekorativen Aussehen ist die Kiwi zum Garnieren und Verzieren gut geeignet. Darüber hinaus hält sie sich lange.
Frische Kiwis gibt es das ganze Jahr über zu kaufen. Reife Kiwis geben auf Fingerdruck leicht nach. Sie halten sich auch noch gut zwei bis drei Wochen, wenn sie im Gemüsefach des Kühlschranks aufbewahrt werden.

Melone

Melonen gibt es in verschiedenen Sorten – hier eine kleine Auswahl:

<u>Honigmelone</u>: Sie hat eine ovale Form und eine zitronengelbe Schale. Ihr Fruchtfleisch ist sehr süß.

<u>Cantaloupe-Melone</u>: Sie ist sehr süß und hat ein hellorangefarbenes Fruchtfleisch.

<u>Charentais-Melone</u>: Ihr Fruchtfleisch ist aprikosenfarben und ebenfalls sehr süß.

<u>Ogen-Melone</u>: Die Ogen-Melone ist relativ klein, hat eine grüngelb gefärbte Schale und sehr aromatisches grünlich-weißes Fruchtfleisch.

Was ist beim Kauf zu beachten?

Der Reifegrad einer Melone läßt sich nicht an der Schalenfarbe, sondern nur durch Geruch und Druck feststellen. Reife Melonen duften nach Ananas und Moschus. Gleichzeitig müssen sie am Blütenansatz auf leichten Druck nachgeben.
Melonen sollte man im Gemüsefach des Kühlschranks aufbewahren. Dort halten sie sich länger, und außerdem schmecken die Früchte gut gekühlt am besten.

Arbeitsgeräte

Messer mittlerer Größe nimmt man zum Schälen und Schneiden. Der Ausstecher dient zum Entfernen des Innenstrunks der Ananas.
Mit dem gebogenen Grapefruitmesser kann man das Fruchtfleisch von der Schale der geviertelten Ananas lösen.
Der Kugelausstecher wird zum Ausstechen von Melonenfruchtfleisch benötigt.
Mit einem Buntmesser können Melonenstücke dekorativ zurechtgeschnitten werden.

Exotische Früchte

Ananas schalen

Den Strunk der gut abgewaschenen Ananas mit einem scharfen Messer abtrennen. Von der Staudenseite aus etwa 1,5 cm starke Streifen rund um die Ananas zur Strunkseite hin abschneiden.
Die kleinen schwarzen Außenstrünke durch keilförmige Schnitte im Wendeltreppenmuster herausschneiden.

Ananas in Portionsstücken

Die Ananas der Länge nach in vier oder sechs Teile schneiden. Den Strunk mit einem Längsschnitt entfernen.
Das Fruchtfleisch mit einem Messer von der Schale lösen und in sechs bis acht Stückchen schneiden.

Portionsscheiben

Die ganze Ananas waschen und von der Stielseite her in etwa 1,5 bis 2 cm dicke Scheiben schneiden.
Zum Ausstechen des harten Innenstrunks einen kleinen glatten, runden Ausstecher von ungefähr 2 bis 2,5 cm Durchmesser verwenden.
Für die Außenseite der Scheibe die Größe des Ausstechers so wählen, daß am Rand noch etwa 1,5 cm Schale übrigbleibt. Darin stecken die schwarzen Außenstrünke.

Garnierte Scheiben

Die Ananasscheibe in der Mitte oder am Rand mit Beeren, Kirschen, Spargelspitzen oder einer Creme verzieren.

Ananasboot

Die Ananas der Länge nach in acht gleich große Ecken zerschneiden. Damit diese Ecken besser stehen, an der Schalenseite eine kleine Scheibe abschneiden.
An der spitzen Seite des Schiffchens etwa 2 cm abschneiden, um den harten Strunk der Ananas zu entfernen.
Nun mit einem scharfen Messer etwa 2 cm oberhalb der Schale das Fruchtfleisch ablösen.
Das Fruchtfleisch in mundgerechte Stücke zerschneiden und diese gegeneinander versetzt wieder auf die Schale setzen. Mit Cocktailkirschen oder Melonenkugeln verzieren.

Halbierte Scheiben

Zwei halbe Ananasscheiben mit der äußeren Rundung gegeneinanderlegen. Zwei Hälften s-förmig anordnen.

Geviertelte Scheiben

Eine Ananasscheibe vierteln und die einzelnen Stücke hintereinander anordnen. Die Viertel lassen sich weiter teilen.

Schälen

Außenstrünke entfernen

Portionsstücke schneiden

Strunk ausstechen

Ausstechen

Ananasscheibe und -stücke

Ananasboot mit Cocktailkirsche und Melonenkugeln

Ananasscheibe mit Maronenmus (siehe Rezeptteil), Angelikarauten, einer Scheibe von schwarzer Nuß und Marone

Hälften mit Erdbeere und Angelikascheiben, daneben Hälften mit Trüffelhalbmonden in Schlangenlinie

Scheibe mit Spargel, Tomatenspitzen und halbierter schwarzer Nuß, daneben Feigenigel auf Ananasvierteln, Achtel mit Angelikarauten und halben Cocktailkirschen

Exotische Früchte

Runde Bananenscheiben

Die Banane schälen und in gleich große Scheiben zerschneiden. Die Scheiben hintereinander, im Kreis oder in Kleeblattform anordnen.

Ovale Bananenscheiben

Die geschälte Banane schräg in Scheiben schneiden. Diese Scheiben werden größer als die runden und können auch fächerförmig angeordnet werden.

Bananenboot

Die Bananenschale mit einem spitzen, scharfen Messer etwa 3 mm tief einritzen und nach hinten aufrollen. Die Schale mit einem Spieß fixieren und auf diesen eine Erdbeere oder getrocknete Kurpflaume stecken. Als Füllung eine Banane in Scheiben schneiden und mit dunklen Früchten kombinieren.
Hinweis: Garnituren aus Banane sollten erst kurz vor dem Anrichten zubereitet werden, da sich das Fruchtfleisch nach kurzer Zeit dunkel verfärbt. Auch das Beträufeln mit Zitronensaft schafft nur für kurze Zeit Abhilfe.

Kiwischeiben

Kiwis können längs oder quer in Scheiben geschnitten werden. Die Kiwi schälen und in gleichmäßige Scheiben schneiden. Diese Scheiben dekorativ hintereinander legen, so daß sie sich etwas überlappen.
Die Scheiben können auch in Kreisform angeordnet werden. Die Mitte des Kreises mit einer Tomatenrose (siehe Seite 43) verzieren.

Kiwikrone

Die Kiwi mit einem spitzen Messer rundherum bis zur Mitte der Frucht zickzackförmig einstechen. Die beiden Hälften vorsichtig voneinander lösen und an der Unterseite etwas abflachen.
Hinweis: Kiwifrüchte können geschält und ungeschält als Garnitur verwendet werden. Ungeschälte Kiwis müssen ausgelöffelt werden. Deshalb bei Verwendung ungeschälter Kiwigarnituren immer Dessertlöffel bereitlegen.

Runde und ovale Scheiben

Bananenboot

Kiwischeiben

Kiwikrone

Bananenscheiben mit Pistazien. Daneben: Bananenblume mit Cocktailkirsche. Ganz rechts: Kiwikrone auf ausgestochener Mangoscheibe mit Preiselbeersahne, Mandel und Cocktailkirsche

Ovale Bananenscheiben mit Erdbeere

Bananenboot mit Obstsalat. Rechts davon dachziegelartig gelegte Kiwischeiben. Links: Kiwihälfte mit Preiselbeersahne, Mandarinenspalten und Walnuß. In der Mitte: Bananenscheiben und Kiwikrone mit Preiselbeersahne und halben Trauben

Exotische Früchte

Melonenstücke

Die Melone der Länge nach in sechs oder acht Teile schneiden. Das Kerngehäuse mit einem Eßlöffel herausnehmen und das Fruchtfleisch mit dem gebogenen Grapefruitmesser von der Schale lösen.
Das Fruchtfleisch mit dem gezackten Buntmesser in mundgerechte Stücke zerteilen. Die Schnitte dabei schräg oder gerade ansetzen.

Gefüllte Melone mit Deckel

Die Oberseite der gewaschenen Melone im Verhältnis ein Drittel zu zwei Drittel abschneiden. Die Kerne mit einem Eßlöffel herausnehmen.
Die untere Melonenhälfte an der Unterseite etwas abflachen, damit sie besser steht.
Die ausgehöhlte Melone anschließend nach Belieben füllen. Melonen kann man mit Erdbeeren in Portweinschaum, Orangenfilets mit Mandelsplittern, Ananas mit Brombeeren oder jedem anderen Obstsalat füllen. Den Deckel der Melone nach dem Füllen mit einem Garniturspieß feststecken.

Gefüllte Melone mit Kugelrand

Die Melone halbieren und die Kerne mit einem Eßlöffel herausnehmen. Die Fruchthälften an der Unterseite jeder Hälfte etwas abflachen, damit sie besser stehen.
An der Innenseite der Melone mit einem Kugelausstecher acht Kugeln ausstechen und diese gleichmäßig auf den oberen Rand der Hälfte setzen.
Die Melone mit der gewünschten Füllung versehen.

Melonenkrone

Die Melone mit einem spitzen Messer rundherum bis zur Mitte im Zickzackmuster einstechen. Die Melonenhälften mit einer leichten Drehung voneinander lösen. Die Kerne mit einem Eßlöffel herausnehmen.

Melone mit Geleefüllung

Eine kleinere Melone halbieren und das Kerngehäuse mit einem Eßlöffel herauslösen.
Die Melonenhälfte auf ein Glas setzen und mit Johannisbeergelee füllen.
In den Kühlschrank stellen und nach Festwerden in Garniturscheiben schneiden.

Melone mit Kugelrand, gefüllt mit Obstsalat von exotischen Früchten, daneben Melonenkrone und Erdbeeren. Darunter: Scheiben von Geleemelonen

Melonenboot mit Cocktailkirsche und Mandarinenspalte. Rechts: Melone, gefüllt mit Waldorfsalat, Orangenfilets, Walnuß und Cocktailkirsche. Den Garniturspieß zieren Kirschtomaten. Die Dekoration steht auf einer Melonenscheibe mit ausgestochenen Tomatenstückchen.

Knollen und Wurzelgemüse

Kartoffel

Zur Zeit gibt es etwa 100 Kartoffelsorten, die sich im Aussehen, im Geschmack und in den Kocheigenschaften zum Teil deutlich voneinander unterscheiden. Aus diesem Grund werden die Sorten entsprechend ihrer Kocheigenschaften in drei Klassen eingeteilt:

Festkochende Sorten: Hansa, Nicola und Siglinde; sie eignen sich für Salate und Bratkartoffeln.

Vorwiegend festkochende Sorten: Bintje, Grata, Granola; sie sind besonders gut als Salz- und Pellkartoffeln zu verwenden.

Mehlig festkochende Sorten: Datura, Irmgard; diese eignen sich vor allem für Püree und Klöße.

Die richtige Lagerung

Kartoffeln müssen immer kühl, dunkel und luftig lagern – am besten natürlich im Keller. Die Kartoffeln sollten dort auf Lattenrosten aufbewahrt werden. Die Knollen müssen festschalig, trocken und einwandfrei sein – schadhafte Kartoffeln in jedem Fall aussortieren und den Bestand regelmäßig kontrollieren. Wer keinen entsprechenden Keller zur Verfügung hat, sollte trotzdem auf eine dunkle und trockene Lagermöglichkeit achten.

Hinweis: Kartoffeln, die der Handel in Plastikverpackung anbietet, sollten zu Hause unbedingt aus der Plastikhülle herausgenommen werden, da diese Verpackung den Knollen nicht bekommt.

Sellerie

Sellerie wird fast das ganze Jahr über angeboten. Hauptsaison ist von Oktober bis April.
Frische Knollen sind hart und ohne dunkle Stellen. Klingt die Knolle beim Klopfen hohl und ist zudem verhältnismäßig leicht, ist sie alt und innen schwammig. Vor der Verwendung muß die Knolle unter fließendem Wasser abgebürstet werden; Wurzeln und Grün dabei entfernen. Geschnittener Sellerie verfärbt sich leicht. Zitronensaft im Kochwasser kann das verhindern. Ganze Sellerieknollen halten sich im Gemüsefach des Kühlschranks etwa eine Woche.

Karotte, Möhre

Frische Möhren sind das ganze Jahr hindurch erhältlich. Am reichhaltigsten und preiswertesten ist das Angebot jedoch im Herbst.
Möhren werden meist als Bundmöhren verkauft – mit Grün. Das Gemüse bleibt frischer, wenn das Grün erst kurz vor dem Verbrauch entfernt wird.
Möhren sollten kühl und trocken gelagert werden.

Möhren putzen

Junge Möhren brauchen nur mit einer harten Bürste abgeschrubbt zu werden. Ältere Möhren sollten mit einem Sparschäler dünn geschält werden.

Radieschen und Rettich

Radieschen und Rettiche bietet der Handel das ganze Jahr über an. Bei Rettichen findet man schwarz- und weißschalige Arten, die sich in Form und Größe voneinander unterscheiden. Das rote Radieschen ist die Zwergform des Rettichs. Im Frühling sind die Radieschen übrigens weniger scharf.
Man sollte beim Einkauf immer darauf achten, daß die Radieschen fest und nicht schwammig oder aufgeplatzt sind.

Arbeitsgeräte

Spritzbeutel für Formen aus Kartoffelteig; Spiralen, Oliven-, Kugel- und sonstige Ausstecher für Karotten und Sellerie.
Die Messer werden für dekoratives Zuschneiden benötigt.

Knollen und Wurzelgemüse

Kartoffelteig für Dekorationen

Die Kartoffeln schälen, kochen und durch die Kartoffelpresse drücken. Falls die gekochten Kartoffeln zu feucht sind, diese im Backofen bei 160°C auf dem Backblech ausdämpfen.
Die durchgepreßten (pürierten) Kartoffeln mit Eigelb vermischen (pro Kilogramm Kartoffeln drei Eidotter) und mit Salz und etwas geriebener Muskatnuß würzen.
Die Kartoffelmasse zu etwa 2,5 cm dicken Würsten rollen, diese auf ein mit Mehl bestäubtes Tablett geben oder mit einem Spritzbeutel ohne Tülle aufspritzen.
Die aufgespritzte Kartoffelmasse mit etwas Mehl einstäuben und die Würste auf die gewünschte Größe zuschneiden (für Kroketten, Bällchen, Birne oder Plätzchen).

Zutaten für den Kartoffelteig

Panieren

Panieren mit Mandeln

Verschiedene Kartoffelformen

Fritierte Formen aus Kartoffelteig

Kroketten

Die aufgespritzte Kartoffelmasse in etwa 5 cm lange Zylinder schneiden, diese mit Mehl bestäuben und in Ei und Paniermehl panieren. In der Friteuse bei 170–180°C backen.

Kartoffelbällchen

Die aufgespritzte Kartoffelmasse in 2,5 bis 3 cm lange Stücke schneiden und diese zu Kugeln rollen. Mit Ei und Paniermehl panieren. In der Friteuse bei 170–180°C backen.

Mandelbällchen

Diese ebenso wie die Kartoffelbällchen vorbereiten. Statt mit Mehl werden die Mandelbällchen mit Ei und gehobelten Mandeln paniert und in der Friteuse bei 170–180°C gebacken.

Kartoffelbirne

Etwa 80 bis 100 g Kartoffelmasse zwischen den Händen birnenförmig rollen und mit Ei sowie Paniermehl panieren.

Als Stiel dient ein Stück Spaghetti. Als Blatt kann seitlich ein Lorbeerblatt eingesteckt werden. In der Friteuse bei 170 bis 180°C backen.

Bethmännchen-Kartoffel

Die Kartoffelmasse zu Bällchen formen. Die Bällchen mit verquirltem Eigelb bestreichen und je drei geschälte halbe Mandeln daraufdrücken. In der Friteuse bei 170–180°C backen.

Oben: Kartoffelbällchen und Kartoffelbirne. Darunter: Mandelbällchen und Bethmännchen-Kartoffeln. Rechts: Kartoffelkroketten

Knollen und Wurzelgemüse

Garnierungen mit ganzen Wurzeln und Knollen

Karotte

Eine kleine Karotte mit Kraut waschen und schälen. Das Kraut etwa 4 cm stehenlassen.
Die schwarzen Stellen mit der Messerspitze auskratzen und den Ansatz des Krauts sauber ausputzen.

Radieschen

Die Radieschen gut waschen und die Wurzel abschneiden. Die äußeren Blätter entfernen und nur die schönsten Innenblätter stehenlassen.
Hinweis: Im Krautstrunk bleibt gerne Sand sitzen. Diesen mit der Messerspitze ausschaben.

Rettich

Einen kleinen Rettich putzen und die schönen Blätter stehenlassen. Den Rettich waschen und mit dem Sparschäler gleichmäßig schälen. Den Rettich in kaltes Wasser legen, damit er nicht welk wird.

Radieschenblüten

Rose: rundherum 5 Blätter einschneiden. dabei jeweils 5 kleinere Blättchen dazwischenschneiden. Die Wurzel kreisförmig abschneiden.
Blüte: rundherum im Abstand von etwa 3 mm Blättchen von oben nach unten einschneiden.
Knospe: das Radieschen 4mal längs und 6mal quer bis über die Mitte einschneiden.
Margeritte: rundherum mit 12 Schnitten das Radieschen bis kurz vor dem Stielansatz einritzen. Die Blätter mit der Messerspitze von der weißen Innenseite abschälen, so daß die unteren Enden stehenbleiben.
Blütenkrone: das Radieschen von der Mitte aus mit einem kleinen spitzen Messer zickzackförmig durchstechen. Die Hälften lassen sich leicht voneinander lösen.
Seerose: mit dem Kanneliermesser 8 Kerben von oben nach unten einschneiden.
Fächer: das Radieschen von oben mit 6 geraden Schnitten einschneiden. Jeweils eine Radieschenscheibe in die Zwischenräume stellen.
Hinweis: Die eingeschnittenen Radieschen in kaltes Wasser legen – am besten mit Eiswürfeln –, so entfalten sich die „Blüten" richtig.

Radieschenblume

Ein kleines Radieschen in Scheiben schneiden und diese kreisförmig zu einer Blüte legen.
In die Mitte der Blüte eine ausgestochene Karotte legen.
Als Stiel und Blätter ausgeschnittene Gurkenschalen oder gedünstete Lauchblätter verwenden.

Rose

Blüte

Margeritte

Radieschenblume

Knospe

Blütenkrone

Seerose

Fächer

Oben: Rettich, Radieschen und Karotte mit Grün.
Darunter verschiedene Radieschendekorationen

Knollen und Wurzelgemüse

Ausgestochene Formen

Kugeln

Die Karotte oder die Sellerieknolle waschen und schälen. Den Oliven- oder Kugelausstecher auf das Gemüse drücken und unter gleichmäßigem Druck um seine Achse drehen. Die ausgestochenen Kugeln so lange in Salzwasser kochen, daß sie noch „Biß" haben.

Sterne und Blüten

Die gekochte Karotte oder den Sellerie in Scheiben schneiden, mit verschiedenen Ausstechformen (Stern, Halbmond, Rosette, Herz) ausstechen und anordnen.

Kannelierte Formen

Hierfür schöne Karotten auswählen und kochen. Die Karotten der Länge nach mit dem Kanneliermesser einkerben und anschließend in Scheiben schneiden. Diese ganz lassen oder halbieren und hintereinanderlegen.

Tournierte Formen

Eine dicke Karotte oder eine Sellerieknolle waschen und schälen. Da geschälter Sellerie mit der Zeit braun wird, sollte er mit Zitronensaft oder Essig beträufelt werden.

Dreiecke

Die geschälte und gewaschene Karotte kochen und der Länge nach halbieren. Mit dem abwechselnd nach links und rechts schräg angesetzten Messer die Karotte in Ecken schneiden. Die Dreiecke als Randgarnitur hintereinanderlegen.

Schiffchen

Die Karotte in 4 bis 4,5 cm lange Zylinder schneiden.
Diese der Länge nach vierteln.

Kannelieren

Ausgestochene Sterne und Blüten

Tournierte Schiffchen und Dreiecke

Oliven- und kugelförmige Dekorationselemente

Ausgestochene Formen

ELLIPSE

Die Karotte oder den Sellerie in 4 bis 4,5 cm lange Zylinder bzw. Blöcke schneiden, die etwa 3 cm dick sind.
Danach acht gleichmäßige Schnitte von Pol zu Pol anlegen. Zuerst werden halbmondförmige Schnitte an der vorderen und hinteren Seite des Blocks angesetzt, dann an der linken und rechten Seite. Die nächsten vier halbmondförmigen Schnitte werden jeweils an den vier Ecken des Blocks angesetzt.

Tournierte Ellipse

Tournierte und ausgestochene Formen als Einzelmotive angeordnet.

Ausgestochene, kannelierte und tournierte Formen in Reihen

KNOLLEN UND WURZELGEMÜSE

Rettich zum Füllen

Den Rettich putzen und die schönen Blätter stehenlassen. Dann den Rettich schälen und mit dem Messer eine ovale Kontur für die Öffnung einschneiden. Das Oval mit dem Kugelausstecher aushöhlen.
Die Rettichkugeln zusammen mit Radieschen und Cornichons für die Garnitur verwenden.
Den Rettich an der Unterseite etwas abflachen, damit er besser steht.

Entlang der Linie einschneiden

Rettichspirale

Rettichspirale

Den Rettich waschen und schälen. Die Wurzeln oben und unten gerade abschneiden.
Zum Schneiden einen korkenzieherähnlichen Rettichschneider verwenden. Den Dorn des Rettichschneiders in die obere abgeschnittene Fläche des Rettichs eindrücken.
Durch gleichmäßiges Drehen eine saubere Spirale herausschneiden.
Hinweis: Die Rettichspirale geht schön auseinander, wenn sie eine Zeitlang in kaltes Wasser gelegt wird.
Die Spirale auseinanderziehen und als Girlande legen oder zu einem Kreis schließen.

Rettich mit Cornichons, Maiskölbchen, Oliven, Karottenkugeln, Silberzwiebeln und halbierten Wachteleiern. Darunter: Rettichspirale mit Radieschenrose

Zwiebeln

Perlzwiebel

Sie wird auch Silberzwiebel genannt. Perlzwiebeln sind etwa murmelgroß. Der Handel bietet sie meist in Essig eingelegt an.

Frühlingszwiebel

Sie ist weiß, plattrund und hat noch ihr grünes Laub, das mitverwendet werden kann. Die Frühlingszwiebel wird frisch für Garnierungen, für Vorspeisen und Salate verwendet.

Gewürzzwiebel

Sie ist gelb, läßt sich gut lagern und kann für die meisten Zwiebelgemüse verwendet werden.

Schalotte

Sie ist klein, länglich und gilt als die feinste Zwiebel zum Würzen.

Gemüsezwiebel

Sie ist etwa apfelgroß, gelb und mild.
Gemüsezwiebeln eignen sich zum Füllen und zum Rohessen.

Weisse Zwiebel

Wegen ihres nicht zu strengen Aromas wird sie gerne für Salate verwendet.

Rote Zwiebel

Sie ist mild, würzig und zum Rohessen gut geeignet.

Die richtige Lagerung

Beim Einkauf von Zwiebeln sollte man darauf achten, daß sie gut ausgereift, prall und trocken sind. Die Zwiebeln sollen noch nicht „ausgewachsen" sein, also keine grünen Spitzen zeigen; sie dürfen sich nicht weich anfühlen. Zwiebeln werden am besten luftig, in Netzen (nie im Plastikbeutel) sowie an einem kühlen, trockenen Ort aufbewahrt. Man sollte die Zwiebeln auf keinen Fall in den Kühlschrank legen.

Arbeitsgeräte

Zwiebeln lassen sich mit einem Küchenmesser in beliebige Formen zurechtschneiden.

ZWIEBELN

ZWIEBELRINGE

Für Zwiebelgarnituren eignet sich am besten die spanische Gemüsezwiebel. Sie wird für Verzierungen roh verarbeitet. Von der geschälten Zwiebel Scheiben abschneiden und diese zu einzelnen Ringen auseinanderdrücken.

Zur Einfärbung die Ringe in Paprikapulver, gehackte Petersilie oder feingeschnittenen Schnittlauch drücken.

Als Garnitur einen roten (Paprika), einen grünen (Petersilie oder Schnittlauch) und einen naturbelassenen Ring hintereinander anordnen.

Hinweis: Falls die Petersilie oder der Schnittlauch schlecht an den Zwiebelringen haften, sollten die Ringe vorher mit Eiweiß oder aufgelöstem Aspik bepinselt werden.

ZWIEBELBLUME

Je eine große rote Zwiebel und eine Gemüsezwiebel (etwa 8 cm Durchmesser) schälen und von der weißen Gemüsezwiebel eine etwa ½ cm dicke Scheibe abschneiden. Den großen Ring herausdrücken.

Die rote Zwiebel der Länge nach vierteln und 5 bis 6 Blätter vom Wurzelstrunk ablösen.

Diese Blätter an der Strunkseite geradeschneiden und an der gegenüberliegenden Spitze eine dreiecksförmige Kerbe einschneiden.

Die vorbereiteten roten Zwiebelblätter rund um den weißen Gemüsezwiebelring legen. Die Blätter dabei etwas übereinanderschieben.

Zuletzt als Innengarnitur Kresse oder Petersilie oder wahlweise Radieschen oder einen tournierten Champignonkopf in die Zwiebelblume legen.

Scheiben schneiden

Ringe herstellen

Ganze Scheibe Zwiebelkrone

Zwiebelblume

Zwiebelblume mit Kressenestchen und Radieschenrose, daneben Gemüsezwiebelscheiben mit roten Zwiebelstücken und geschnittenen Lauchecken. Rechts davon: Zwiebelkrone mit Radieschenrosen.

Darunter: Zwiebelringe mit Paprika und Kräutern. Unten: Zwiebelschiffchen mit Perlzwiebeln sowie Zwiebelkrone mit Gemüsekugeln

FRUCHTGEMÜSE

Tomate

Tomaten sind ganzjährig erhältlich. Es gibt grüne Tomaten, Eiertomaten, gerippte Fleischtomaten und Kirschtomaten. Darüber hinaus bietet der Handel rote und grüne Tomaten auch in Dosen an.

Einen besonders guten Geschmack haben Tomaten, wenn sie im Freiland in der Sonne ausgereift sind. Sie schmecken aromatischer als Treibhaustomaten.

Hinweis: Tomaten brauchen Wärme, sowohl beim Wachsen und bei der Ernte als auch in der Küche. Tomaten sollten deshalb nicht im Kühlschrank aufbewahrt werden, da dann die Zellen zerfallen. Dabei bilden sich Brandstellen, an denen sich Fäulniserreger festsetzen.

Paprika

Paprikaschoten gibt es süß oder scharf und in verschiedenen Größen sowie Farben. Süße Paprikaschoten eignen sich sehr gut zum Rohessen, sie können aber auch gekocht zubereitet werden. Die scharfen Pfefferschoten oder Chilies dienen fast ausschließlich als Gewürz. Paprika- und Pfefferschoten sind das ganze Jahr über im Handel erhältlich. Sie werden auch als Dosenware angeboten.

Aubergine

Auberginen sind das ganze Jahr über erhältlich. Im Sommer werden sie vorwiegend aus Italien und Spanien, im Winter und im Frühling aus Israel und den nordafrikanischen Ländern importiert. Auberginen gibt es in verschiedenen Formen und Größen. Die Früchte können dunkelviolett bis weiß sein. Auberginen schmecken roh überhaupt nicht, sondern entfalten ihr nußartiges Aroma erst nach dem Braten oder Grillen.

Avocado

Avocados werden noch hart geerntet und kommen auch in diesem Zustand in den Handel. Ihr volles Aroma entfalten die Avocados erst, wenn sie reif sind. Das Fruchtfleisch hat dann eine cremige Konsistenz und einen milden, sahnigen Geschmack. Avocados sollten deshalb vor dem Verbrauch einige Tage (etwa zwei bis acht) bei Zimmertemperatur reifen, bevor sie verwendet werden. Wenn man die Früchte in Zeitungspapier einwickelt und an einem warmen Ort lagert, dauert der Reifungsprozeß nur zwei bis drei Tage. Reife Avocados lassen sich übrigens einige Tage im Gemüsefach des Kühlschranks aufbewahren. Eine Avocado ist reif, wenn das Fruchtfleisch einem leichten Fingerdruck nachgibt.

Davon ausgenommen ist die Sorte „Hass", deren Schale besonders hart ist.

Avocados in der Küche

Avocados sind sehr vielseitig: Sie eignen sich als Zutat zu süßen sowie kräftigen Salaten und lassen sich zu pikanten Soßen ebenso verarbeiten wie zu süßen Cremes. Avocados schmecken aber auch „pur" mit etwas Salz, Pfeffer und Zitronensaft gewürzt. Die Früchte sollten erst unmittelbar vor dem Essen aufgeschnitten und dann sofort mit Zitronensaft beträufelt werden, da sich die Schnittstellen sonst bräunlich verfärben.

<u>Hinweis:</u> Wenn man Avocados kocht oder bäckt, wird ihr Geschmack bitter.

Arbeitsgeräte

Mit verschieden großen Messern lassen sich die Fruchtgemüse schälen bzw. in Stücke zerschneiden.
Ausstechförmchen mit verschiedenen Motiven werden für Dekorationen des Paprika verwendet.

FRUCHTGEMÜSE

GARNITUREN MIT KIRSCHTOMATE

Die Kirsch- oder Cocktailtomate wird auf dieselbe Weise abgezogen wie die normal große Tomate. Man kann Kirschtomaten geschält oder ungeschält um ein fertiges Gericht legen oder eine Platte damit dekorieren.

KIRSCHTOMATE MIT WACHTELEI

Eine Kirschtomate halbieren und aushöhlen. Mit einem halben gekochten Wachtelei füllen oder statt des Wachteleis eine halbe Olive verwenden.

TOMATEN SCHÄLEN

Bei einer festen Tomate den Strunk ringförmig heraustrennen. An der Oberseite die Haut kreuzförmig leicht einritzen. Die Tomate etwa 12 bis 14 Sekunden in kochendes Wasser geben, bis sich die Haut löst. Die Tomate danach sofort vom kochenden ins kalte Wasser geben (abschrecken). Die Schale läßt sich nun leicht abziehen.

Hinweis: Geschälte Tomaten können auch wie ungeschälte Tomaten verarbeitet werden.

TOMATENHÄLFTE ZUM FÜLLEN

Die abgezogene (geschälte) Tomate längs – von der Blüte zum Stiel – halbieren. Das Kerngehäuse mit einem Teelöffel oder dem Kugelausstecher herausnehmen.
Die Tomatenhälfte unten mit dem Messer etwas abflachen, damit sie besser steht. Die Tomatenhälfte je nach Verwendung auf eine dickere Gurkenscheibe setzen.

Kirschtomate aushöhlen

Tomate schälen

Halbieren und aushöhlen

Tomatenblatt

Abflachen

Tomatenhälfte mit Waldorfsalat, verziert mit Spargel und Pfefferschote auf kannelierter Gurkenscheibe.

Rechte Seite
Oben: Tomatensechstel mit Radieschenkrone und Wachtelei.
Mitte: Tomatenhälfte, gefüllt mit Silberzwiebeln, Gurkenkugeln, Karottenkugeln und Lauchstreifen auf kannelierter Gurkenscheibe, daneben Tomatenrose auf Kressebett und Zitronenscheibe.
Unten: Tomatenrose auf kannelierter Gurkenscheibe, daneben Kirschtomate mit Wachtelei. Rechts außen: mit Käsecreme und Kapern gefüllte Kirschtomate auf Radieschenkrone.

TOMATENBLATT

Die ungeschälte Tomate in sechs oder acht gleiche Teile schneiden. Von den entstehenden einzelnen Ecken die Kerne und das innere Fruchtfleisch entfernen. Die Tomatenblätter können beliebig angeordnet oder gefüllt werden.

TOMATENROSE

Eine schöne rote Tomate rundherum mit einem scharfen Messer spiralförmig 1,5 bis 2 cm breit schälen. Den entstandenen Streifen zuerst fest dann nach außen hin lockerer aufrollen und als Garnitur verwenden.

Tomatenrose

FRUCHTGEMÜSE

TOMATENSCHEIBE

Die ungeschälte Tomate quer zur Strunkseite mit einem sehr scharfen Messer in gleich dicke Scheiben schneiden.

TOMATENBLUME

Die ungeschälte Tomate 6- oder 8mal von der Seite einschneiden. Die Zwischenräume mit kannelierten Gurkenscheiben ausfüllen.

TOMATEN-EIER-HALBKUGEL

Die Tomate sowie ein hartgekochtes Ei in sechs gleiche Teile schneiden. Die entstandenen Spalten abwechselnd zu Halbkugeln aneinanderfügen.

FLIEGENPILZ

Die ungeschälte Tomate an der Strunkseite etwas abflachen und an der Blütenseite einen Deckel abschneiden. Die untere Tomatenhälfte aushöhlen und mit Gemüsesalat füllen.
Den Deckel daraufsetzen und mit dem Spritzbeutel und Lochtülle einzelne Tupfen aus Mayonnaise aufspritzen.

TOMATENKORB

Von der ungeschälten Tomate so viel ausschneiden, daß ein Henkel übrigbleibt. Das Innere mit einem Teelöffel oder einem Kugelausstecher aushöhlen. Das Körbchen beliebig füllen.

TOMATENKRONE

Im Zickzackmuster mit einem Messer ringsherum bis zur Mitte in die Tomate einstechen. Die beiden Hälften durch eine leichte Drehung auseinandernehmen. Jede Tomatenhälfte mit dem Messer an der Unterseite etwas abflachen, damit sie besser steht. Je nach Verwendung eine kannelierte Gurkenscheibe daruntersetzen.

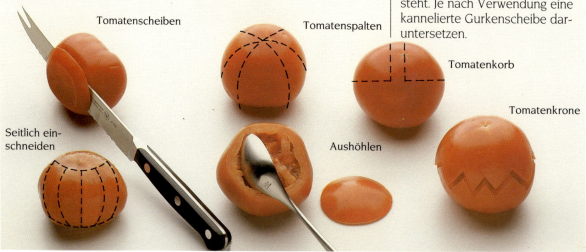

Tomatenscheiben mit Eischeiben und ausgestochenen Paprikaformen, daneben Tomatenkrone mit Radieschensalat und Eischeibe

Tomatenkorb mit Gemüsekugeln und Kresse auf kannelierter Gurkenscheibe. Daneben: Tomatenblume mit kannelierten Gurkenscheiben und Radieschenrose. Mitte: Tomatensechstel mit Eiern und tourniertem Champignonkopf. Unten: Tomaten-Eier-Halbkugel und Fliegenpilz mit Waldorfsalat

FRUCHTGEMÜSE

DAS VORBEREITEN VON PAPRIKA

Die Paprika waschen und an der Stielseite eine etwas dickere Scheibe abschneiden. Nun können mit einem kleinen Messer die sichtbaren Trennwände mit den Kernen entfernt werden.
So vorbereitet kann die Paprika in Scheiben oder Längsstreifen geschnitten werden, oder die Paprika wird der Länge nach halbiert und mit den verschiedensten Förmchen ausgestochen.

PAPRIKASCHOTE ZUM FÜLLEN

Von der Paprikaschote quer einen Deckel abschneiden und die Kerne entfernen. Die Schote unten etwas abflachen, damit sie besser steht.
Sollte die Schote durch das Abflachen für eine dickflüssige Füllung nicht mehr dicht genug sein, kann sie mit einer längs geschnittenen Gurkenscheibe oder einer ausgestochenen Selleriescheibe und etwas Aspik wieder abgedichtet werden.

PAPRIKASCHEIBE

Die Paprikaschote in feine Scheiben schneiden; entweder mit dem Messer arbeiten oder – gleichmäßiger – mit der Aufschnittmaschine. Die einzelnen Ringe hintereinanderlegen.

Paprika aushöhlen

In Ringe schneiden

Ausstechen

Dekorative Formen aus ausgestochenen roten und grünen Paprikaschoten, verziert mit Mayonnaise und grünen Pfefferkörnern sowie Paprikaringe

Quer halbierte Paprika gefüllt mit Gemüsekugeln und Joghurt. Rechts: Längs halbierte Paprika, gefüllt mit Champignons, Staudensellerie, Avocadofilets, Tomatenspitzen und Olivenscheiben

FRUCHTGEMÜSE

AUBERGINE ZUM FÜLLEN

Die Aubergine ist auf den ersten Blick für kalte Garnituren nicht so gut geeignet. Ihre intensive Farbe bringt jedoch hübsche Kontraste für eine Dekoration. Die Aubergine eignet sich zum Füllen mit Gemüse, Obst und dickflüssigen Soßen.
Die Aubergine dazu längs halbieren und anschließend an der Unterseite etwas abflachen, damit sie besser steht.
Soll die Auberginenhälfte mit Gemüse oder dickflüssigen Soßen gefüll werden, muß man sie vorher etwas aushöhlen.

AVOCADO ZUM FÜLLEN

Die Avocado enthält einen großen Kern. Um diesen zu entfernen, wird die Avocado der Länge nach halbiert und durch Verdrehen der beiden Hälften auseinandergenommen. Soll eine Hälfte aufbewahrt werden, darf der Kern nicht herausgelöst werden.
Damit sich das Fruchtfleisch der Avocado nicht verfärbt, etwas Zitronensaft darüberträufeln. Die halbierte Avocado an der Unterseite etwas abflachen, damit sie besser steht. Die Frucht an der Stielseite ebenfalls etwas abschneiden.

AVOCADOFILETS

Die entkernte, halbe Avocado schälen – die reife Avocado läßt sich übrigens sehr leicht schälen – und der Länge nach in fingerdicke Filets schneiden. Diese mit Zitronensaft beträufeln und mit Salz und schwarzem Pfeffer aus der Mühle würzen. Die Filets fächerförmig anrichten.

Aubergine aushöhlen

Stein entfernen

Schälen

Avocadofilets

Aubergine mit Eischeiben, Tomatenspitzen, Staudensellerie und Trüffelstreifen. Rechts: Avocado mit Steinpilzsalat, daneben Garnelen-Gemüse-Salat und Crème fraîche. Unten: Avocadofilets mit Schinkensalat, daneben Avocadofilets mit Ei, Spargel, Pfefferschote und Tomatenpunkten

SPROSSGEMÜSE

SPARGEL

Es gibt weißen und grünen Spargel. Der Unterschied besteht nicht nur in der Farbe, sondern auch darin, daß der grüne Spargel oberirdisch wächst und einen intensiv-würzigen Geschmack hat. Spargelsaison ist von Anfang Mai bis Ende Juni. Spargel sollte immer ganz frisch verwendet werden. Frischen Spargel erkennt man daran, daß die Schnittfläche glatt, prall und saftig ist. Außerdem „klingen" frische Spargelstangen, wenn man sie aneinanderschlägt.

<u>Hinweis:</u> Wird der Spargel nicht am gleichen Tag verwendet, sollte man ihn waschen, in ein feuchtes Tuch einwickeln und im Gemüsefach des Kühlschranks aufbewahren.

STAUDENSELLERIE

Staudensellerie gibt es das ganze Jahr über zu kaufen. Beim Einkauf sollte man unbedingt auf frische Ware achten. Stauden mit gelblichen Stengeln und welken Blättern sollte man nicht verwenden. Frische Stauden halten sich im Gemüsefach des Kühlschranks etwa zehn Tage.

Staudensellerie in der Küche

Beim Putzen von Staudensellerie schneidet man zunächst die Stengel am Wurzelansatz ab und entfernt die Blätter (sie können zum Würzen verwendet werden) sowie den oberen Schnittansatz. Bei den äußeren, kräftigen Stengeln können zusätzlich – wie beim Rhabarber – die gröbsten Fasern abgezogen werden.

Artischocke

Die Artischocke wird in Südeuropa als Wintergemüse und in Amerika das ganze Jahr über geerntet.
Sehr kleine Artischocken können ganz eingelegt werden, von größeren Exemplaren sind die zarten Böden und Herzen auch eingelegt erhältlich.
Artischocken sind sehr vielseitig. Sie schmecken gebraten, gebakken, gekocht, gefüllt und „pur" zu verschiedenen Dips sowie zu Soßen.

Arbeitsgeräte

Die Messer werden zum Zurechtschneiden der Artischocke benötigt sowie zum Abschneiden der Schnittansätze bei Spargel und Staudensellerie.
Mit dem Spargelschäler oder einem Sparschäler werden die Spargel- und Staudenselleriestangen geschält.

Sprossgemüse

Das Schälen und Kochen von Spargel

Die Spargelstange auf den linken bzw. rechten Unterarm legen und den Spargelkopf mit Daumen und Mittelfinger festhalten. Die Spargelstange etwa 3 bis 4 cm unterhalb des Spargelkopfes beginnend zügig bis zum Spargelende schälen. Den Spargel dabei mit Daumen und Mittelfinger drehen. Zum Schälen ein Spargelschälmesser oder einen Sparschäler verwenden. Den geschälten Spargel in einem Topf mit kaltem Wasser aufsetzen. Dem Kochwasser ein wenig Salz und eventuell etwas Glutamat beigeben – das verstärkt den Eigengeschmack. Den Spargel zum Kochen bringen und genau 5 Minuten kochen. Den Topf anschließend zur Seite stellen und den Spargel 20 Minuten ziehen lassen.

Hinweis: Wenn der Spargel geschält ist, an der Unterseite etwa 1 cm abschneiden. Dies ist sehr wichtig, denn die Spargelstangen werden häufig mit Messern gestochen, die nicht rostfrei sind. Am Spargelende ergibt sich dadurch eine Oxidation, die sich beim Kochen verfärbt und den Geschmack beeinträchtigt.

Staudensellerie

Die einzelnen Stangen auseinanderbrechen und gut waschen. Mit dem Sparschäler leicht schälen und die Fäden ziehen. Danach gegebenenfalls nochmals nachschälen.
Den Staudensellerie in etwas Salzwasser oder Gemüsebrühe gar dünsten.
Die Selleriestangen auf einer Platte anrichten und mit frischem, geschnitzelten Gemüse garnieren.

Weitere Varianten:
Den Staudensellerie auf eine gleichmäßige Länge von 5 bis 6 cm zurechtschneiden und aus den Stücken kleine Bündel legen. Jeweils ein Bündel mit einer Scheibe Lachsschinken umwickeln.
Statt dessen kann man die Stangen auch etwa 8 cm lang schneiden, bündeln und mit je einer Scheibe geräucherter Gänsebrust umwickeln.

Staudensellerie im Kelchglas

Den geputzten und gewaschenen Staudensellerie mit Salz und Pfeffer würzen und in einem hohen Kelchglas roh anrichten.

Spargel schälen

Staudensellerie schälen

Selleriegemüse mit Tomatenspitzen, Oliven, Champignons und Zwiebeln

Weißer Spargel mit Schinken und holländischer Sauce

Roher Staudensellerie im Kelchglas

Grüner Spargel mit rohem Schinken, Eischeiben, Tomatenspitzen und Olivenscheiben, garniert mit tourniertem Champignonkopf im Kressesalat

Weißer Stangenspargel mit Obstsalat und Nüssen

Sprossgemüse

Das Vorbereiten und Kochen von Artischocken

Die Artischocke hat einen langen Stiel an ihrer Bodenseite. Um diesen Stiel zu entfernen, wird die Artischocke mit der linken bzw. rechten Hand an der Tischkante gehalten und der Stiel unter festem Druck mit der anderen Hand abgebrochen. Dadurch werden die starken Fäden aus dem Artischockenboden gezogen. Den Boden anschließend mit einem Messer leicht begradigen.
Eine Zitrone in etwas dickere Scheiben schneiden und diese mit einer Kordel am Artischockenboden befestigen. Dadurch behält der Artischockenboden beim Kochen seine helle Farbe. Die Artischocke in reichlich Salzwasser mit etwas Zitronensaft und einem Schuß Essig kochen. Die Artischocke ist gar, wenn sich die Blätter leicht herausreißen lassen.

Artischockenboden zum Belegen

Die Artischocke bis etwa 4 bis 5 cm oberhalb des Bodens mit einem scharfen Messer oder Wellenmesser abschneiden. Anschließend mit einem Löffel behutsam das „Heu" herauslösen und die Blätter bis auf 2 bis 3 Blätterreihen entfernen. Ein köstlicher Artischockenboden mit Blätterreihen bleibt übrig.

Artischockenschüssel zum Füllen

In der Mitte der Artischocke beginnend, die Blätter herauszupfen, bis etwa zwei hohe Blätterreihen stehenbleiben. Dann mit einem Löffel vorsichtig das „Heu" entfernen. Es entsteht eine Schüssel zum Füllen.

Stiel abbrechen

Artischockenboden begradigen

Vorbereiten zum Kochen

„Heu" entfernen

Artischockenschüssel zum Füllen

Artischockenboden mit Salat von Garnelen, Karotten, Erbsenschoten, Wachtelei, Oliven und Brokkoli. Daneben: Artischockenboden mit Spargel und Schinkensalat auf einem Blattstern. Mitte: Artischockenboden mit Steinpilzen und Tomatenblättern. Unten links: Artischockenboden mit Gemüsezwiebelscheiben, Champignons und Schnittlauch. Daneben: Artischockenschüssel mit tournierten Karotten und Sellerie, Zucchini, Brokkoli und Tomatenblättern

Kürbisse und Gurken

Kürbis

Es gibt viele verschiedene Kürbissorten, darunter beispielsweise Gelber Zentner, Butternuß, Schlangenkürbis, Spaghettikürbis und Markkürbis. Sie unterscheiden sich durch Größe, Form und Farbe voneinander. Gemeinsam ist ihnen, daß ihr saftiges Fruchtfleisch relativ geschmacksneutral ist.
Das Fruchtfleisch eines reifen Kürbisses muß leuchtend gelborange aussehen und sollte fest, knackig sowie saftig, nicht weich oder faserig sein. Ein reifer Kürbis muß „klingen", wenn man mit dem Finger leicht an die Schale klopft. Er läßt sich problemlos bis zum Winter aufheben, wenn er kühl und luftig lagert.
Zur Verarbeitung schneidet man den Kürbis mit einem großen, scharfen Messer vom Stiel zum Blütenansatz in Segmente und kratzt das weiche, faserige Innere und die Kerne mit einem Löffel heraus. Anschließend werden die Segmente geschält, ehe das Fruchtfleisch verarbeitet wird.
Soll die Kürbisschale unbeschädigt bleiben, kann das Fruchtfleisch auch mit einem scharfen Löffel herausgelöst werden.

Zucchini

Zucchini sind gurkenähnliche, sechskantige Früchte, die nicht ganz ausgereift mit noch weicher Schale geerntet werden. Sie haben dann eine zart- bis dunkelgrüne Schale, sind etwa 15 cm lang und wiegen zwischen 125 und 300 g.
Früchte dieses Reifestadiums haben hellgrünes, knackiges Fruchtfleisch und in der Mitte ein paar Kerne, die fest mit dem Fruchtfleisch verwachsen sind.
Beim Einkauf sollte man darauf achten, keine größeren Früchte zu kaufen, deren Schale häufig gelblich verfärbt ist. Diese Zucchini sind schwammig und fade

im Geschmack. Ebensowenig sollte man Zucchini kaufen, die schrumpelig und welk aussehen. Im Gemüsefach des Kühlschranks lassen sich frische Früchte problemlos bis zu acht Tagen aufbewahren.

Hinweis: Zucchini werden niemals geschält, da sonst das Fruchtfleisch beim Dünsten, Braten oder Backen zerfallen würde. Lediglich der Stielansatz und – falls vorhanden – braune Flecken werden entfernt.

Gurke

Die Gurke ist eine alte Kulturpflanze, deren Heimat wahrscheinlich Indien ist. Die verschiedenen Sorten reichen von der kleinen, gefurchten Gemüse- oder Einlegegurke bis zu den langen, glatthäutigen Salatgurken. Gurken sind das ganze Jahr über erhältlich – im Sommer werden allerdings die meisten angeboten.
Die Qualität ist nicht von der Größe der Frucht abhängig, sondern von der Festigkeit ihres Fleisches. Eine Gurke bester Qualität hat ganz festes Fruchtfleisch.

Für Garnierungen können sowohl frische Salatgurken als auch eingelegte Gurken aus dem Glas verwendet werden.

Arbeitsgeräte

Der Oliven- und der Kugelausstecher werden für Gurken- und Zucchinidekorationen verwendet.
Das Kanneliermesser sowie das Buntmesser dienen zum Herstellen von Gurkenverzierungen.
Das große Messer wird zum Zurechtschneiden der Kürbisse und zum Schneiden der Gurken verwendet.

Kürbisse und Gurken

Kürbisse zum Füllen

An der Stielseite des Kürbis einen Deckel gerade abschneiden oder einen Deckel im Zickzackmuster rundherum ausstechen. Das Kerngehäuse entfernen.
Den vorbereiteten Kürbis füllen und den Deckel schräg anlehnen, so daß noch genügend Platz bleibt, um die Füllung entnehmen zu können.

Kürbiskrone

Kürbiskrone mit Obstsalat aus exotischen früchten (geeignet für etwa 50 Portionen)

Kürbisse und Gurken

Zucchinischiffchen

Aus der Zucchini einen Zylinder von etwa 4 cm Länge schneiden und diesen mit einem Messer vierteln. Die Viertel jeweils mit dem Messer so abrunden, daß daraus die Form eines Schiffchens entsteht.

Zucchini zum Belegen

Kleine Zucchini der Länge nach halbieren und die untere Seite mit dem Messer etwas abschneiden, damit die Hälfte besser liegenbleibt.

Zucchiniboot

Große Zucchini der Länge nach halbieren und in etwa 7 cm lange Blöcke schneiden; an den beiden Schnittenden mit dem Messer etwas abrunden.
Die Zucchinihälften an der Unterseite mit dem Messer begradigen, damit sie besser stehen. Die Hälften an der Schnittfläche mit einem Teelöffel leicht aushöhlen.

Zucchinitürmchen

Dicke Zucchini in etwa 4 cm hohe Zylinder schneiden und mit dem Kugelausstecher eine Vertiefung ausstechen. Den unteren Rand der Türmchen leicht abschrägen.

Dekorationen mit Gewürzgurken

Gurkenscheiben

Die eingelegten Gurken abtropfen lassen und in runde, ovale oder lange Scheiben zerteilen. Diese rund, fächerförmig oder hintereinander anordnen.

Gurkenfächer

Die Gurke mehrmals von oben nach unten einschneiden, jedoch nicht durchschneiden. Die Scheibchen mit der Seite eines Messers zum Fächer drücken.

Zucchinischiffchen

Zucchinihälften zum Belegen

Zucchiniboot

Aushöhlen

Schneidemöglichkeiten für Gewürz- und Salzgurken

Runde Gewürzgurkenscheiben mit gefüllten Olivenscheiben und ovale Gurkenscheiben mit Eischeiben

Zucchinihälfte mit Spargel. Daneben: Zucchinitürmchen mit Pilz-Tomaten-Salat. Darunter: Zucchiniboot mit Gemüsesalat. Daneben: Dekoration aus Zucchinischiffchen und Kirschtomate. Unten links: Zucchinischiffchen auf Tomaten. Daneben: Gewürzgurkenfächer auf Eischeibe

Kürbisse und Gurken

Dekorationen mit Salatgurken

Gurkenscheibe

Die kannelierte Gurke in Scheiben schneiden und diese hintereinander anordnen.

Halbe Gurkenscheibe

Kannelierte Gurkenscheiben halbieren und als Randgarnierung etwas übereinander anordnen. Die Schnittflächen bilden so eine Linie.

Gurkenecken

Die Salatgurke schälen, der Länge nach halbieren und in Ecken schneiden. Diese hintereinander, nebeneinander oder rund gelegt anordnen.

Ausgestochene Gurken

Die geschälte oder ungeschälte Gurke mit dem Kugelausstecher oder dem olivenförmigen Ausstecher ausstechen.
Die Kugeln rund legen oder zu einer Gurkentraube anordnen. Dazu die Gurkenschalen mit dem Messer zu „Traubenblättern" zurechtschneiden. Die olivenförmig ausgestochene Gurke zum Füllen von Gurkenschiffchen oder Tomaten verwenden.

Gurkenkrone

Eine ungeschälte Salatgurke in etwa 8 bis 10 cm große Stücke zerteilen. Die Stücke anschließend rundherum mit einem Zickzackschnitt halbieren und die Hälften mit einer leichten Drehung auseinandernehmen.

Kannelieren

Kannelierte Scheiben

Gurkenecken

Kugeln ausstechen

Gurkenkrone

Gurkenecken, Reihe von halbierten, kannelierten Gurkenscheiben und Gurkentraube

Kannelierte Gurkenscheiben mit ausgestochenen Tomatenförmchen. Darunter: Gurkenkrone mit tourniertem Champignonkopf. Rechts: Stilisierte Gurkenblumen mit Ei- und Olivenscheibe

Kürbisse und Gurken

Gurken zum Füllen

Gurkentürmchen

Die Gurke quer in etwa 4 cm hohe Türmchen schneiden. Diese mit dem Kugelausstecher aushöhlen.

Gurkenboot

Die Gurke der Länge nach halbieren und in 5 bis 6 cm lange Stücke schneiden. Diese mit einem Teelöffel oder einem Kugelausstecher etwas aushöhlen. Die Gurkenhälfte an der Unterseite begradigen, damit sie besser steht.

Ganze Gurke

Eine schöne Salatgurke mittlerer Größe waschen, aber nicht schälen. Mit dem Messer oder Sparschäler ein dickes Schalenstück von der Blüte zum Stiel schneiden, aber nicht abschneiden.
Die so vorbereitete Gurke an der Unterseite etwas abflachen, damit sie besser steht.
Von einer anderen Gurke eine dicke, kannelierte Scheibe abschneiden, die für den Garnituspieß verwendet wird.
Die Schale zu einer Schleife formen, den Garnituspieß hindurchstechen und durch die quer eingewickelte Gurkenscheibe spießen. Die so entstandene Rolle an der Stielseite der Gurke fixieren.
Die Salatgurke über ihre gesamte Länge mit dem Teelöffel etwas aushöhlen und mit einem bunten Salat füllen.

Türmchen schneiden
Aushöhlen
Schiffchen aushöhlen
Schälen
Aushöhlen und Schale dekorieren

Kanneliertes Gurkentürmchen mit Kirschtomate und geviertetem Wachtelei. Darunter: Gurkentürmchen mit olivenförmig ausgestochenem Sellerie-Karotten-Salat. Rechts: Gurkenschiffchen mit Champignonscheibe, Blumenkohl, Brokkoli, Tomatenblättern und halbem Wachtelei. Darunter: Kanneliertes Gurkentürmchen mit Champignonsalat

Gefüllte Gurke mit buntem Gemüsesalat

Pilze

Garnituren mit Champignons

Für Garnituren weiße Champignons mittlerer Größe verwenden, deren Lamellen noch geschlossen sind. Die Champignons gut waschen und mit etwas Zitronensaft beträufeln, damit die Pilze ihre helle Farbe über einen längeren Zeitraum hinweg behalten.
Sind die Pilze älter und haben dunklere Stiele mit einer schaumigeren, trockeneren Struktur, sollte man die Stiele soweit abschneiden, bis das Pilzfleisch wieder hell und elastisch ist.

Champignonscheibe

Die gewaschenen Champignons in Scheiben schneiden und diese hintereinanderlegen.

Champignons

Man unterscheidet braune und weiße Sorten. Champignons schmecken am besten frisch zubereitet – aber im Gegensatz zu anderen Pilzen halten sich Champignons auch länger frisch. Sie können etwa 3 bis 4 Tage im Gemüsefach des Kühlschranks aufbewahrt werden. Die Pilze sollten dann jedoch nicht in Plastiktüten lagern.

Was ist beim Kauf zu beachten?

Der Handel bietet sogenannte „geputzte" und „ungeputzte" Champignons an. Die ersteren sind Pilze mit geschlossenen Köpfen und abgeschnittenen Füßen. Diese Pilze müssen nur unter fließendem Wasser abgewaschen werden und anschließend auf Küchenkrepp gut abtropfen. Die trockenen Stiele kann man dann nochmals nachschneiden. Die ungeputzten Champignons sind – weil ungeschnitten – meist frischer und aromatischer. Auch sie werden kurz unter fließendem Wasser abgespült und anschließend gründlich abgetrocknet. Dann schneidet man die Stiele etwas ab.

Arbeitsgeräte

Mit dem Messer und dem Kanneliermesser lassen sich die Pilzköpfe dekorativ verzieren.

Champignonscheiben mit ausgestochenen Tomaten- und Paprikaförmchen, daneben kannelierter Champignonkopf, gefüllt mit Marone, Kurpflaume, Silberzwiebeln und Pistazien. Mitte: kannelierter Champignonkopf auf ausgestochenem Gurkenstern, tournierter Champignonkopf, Champignonscheibe mit Karotten- und Gurkenkugeln. Rechts: gefüllte Champignonköpfe mit Gemüsekugeln auf ausgestochener Paprikascheibe und mit kleinem Tomatensalat

KANNELIERTER CHAMPIGNONKOPF

Mit dem Kanneliermesser sechs oder acht Streifen von der oberen Mitte des Champignonkopfs nach unten ziehen. Danach noch einmal mit Zitronensaft beträufeln.

TOURNIERTER CHAMPIGNONKOPF

Die Messerklinge eines scharfen Messers zwischen Daumen und Zeigefinger leicht schräg halten. Das Messer von der Mitte des Champignonkopfes sichelförmig nach unten ziehen. Zitronensaft über den Champignonkopf träufeln.

GEFÜLLTER CHAMPIGNONKOPF

Für diese Dekoration gleichmäßig große Champignons verwenden. Die Pilze gut waschen und den Stiel entfernen.
Die Höhlung eventuell mit dem Kugelausstecher etwas nachschneiden und füllen.
Variation: Die Füllung in die Höhlung drücken und den gefüllten Champignonkopf in Mehl wälzen. Anschließend in der Pfanne mit Butter braten. Während des Bratens mit Salz und Pfeffer würzen. Der gefüllte Champignonkopf kann statt dessen auch mit Salz und Pfeffer gewürzt, in Mehl, Ei und Paniermehl paniert und anschließend in der Friteuse ausgebacken werden.

Kannelieren

Tournieren

Vorbereiten zum Füllen

Brandteiggebäck

Grundrezept

Für den Brandteig benötigt man: ¼ l Wasser, 50 g Butter, 1 Prise Salz, 150 g Mehl, 2 Eier, Fett zum Ausbacken.
Das Wasser mit der Butter und dem Salz aufkochen.
Das Mehl hinzugeben und unter ständigem Rühren den Teigkloß abbrennen.
Den Kloß in eine Schüssel geben und die Eier einzeln einrühren. Der Brandteig ist richtig, wenn er in Spitzen reißend vom Löffel fällt.

Brandteigformen

Aus Brandteig lassen sich durch Spritzen mit unterschiedlichen Tüllen (Sterntülle oder Lochtülle Nr. 7) dekorative Garnierungen herstellen: für Eclairs gleichmäßige Balken, für Schleifen ein ausgeprägtes Fragezeichen, für Rosetten einen kleinen Kreis, für Zwillinge 2 kleinere Rosetten dicht beieinander und für Hörnchen ein Halbkreis.

Brandteigschwan

Der Schwan aus Brandteig wird in zwei Teilen gespritzt. Zunächst stellt man den Kopf und den Hals her. Man beginnt mit dem dünneren Schnabel, der etwa 1 cm schräg nach oben gezogen wird. Danach drückt man für den Kopf den Spritzbeutel etwas stärker und läßt den Hals wie ein Fragezeichen gleichmäßig auslaufen. Für den Körper spritzt man eine Rosette oder eine etwas länglichere Raupe.

Pikant gefüllte Brandteigformen: oben Eclairs und Brandteigschwan; darunter Rosette und Zwillinge, unten Hörnchen und Schleife

Buttergarnituren

Butter

Butter ist ein natürliches Milchprodukt aus Sahne, die von der Milch abgerahmt wurde. Butter kann aus frischer oder saurer Sahne hergestellt werden. Manchmal wird die Butter zusätzlich gesalzen, um sie haltbarer zu machen.

Arbeitsgeräte

Zum Anfertigen von Garnituren aus Butter gibt es verschiedene Arbeitsgeräte:
Das Butterschneidegerät ist eine Kombination mehrerer Arbeitsgeräte. Man kann damit Butterkugeln, Butterscheiben mit Zakken oder Butterrollen herstellen. Die geriffelten Butterbrettchen verwendet man zum Modellieren von Butterkugeln.
Buttermodel bestehen aus zwei Teilen, dem Zylinder und dem Kolben. Im Kolben ist ein Reliefmuster negativ eingeschnitzt. Mit Hilfe von Buttermodeln kann man kleine Butterstücke mit reizvollen Reliefs versehen.
Die in etwa 1/2 cm dicke Scheiben geschnittene Butter läßt sich mit verschiedenen Ausstechförmchen hübsch zurechtschneiden.

Geschnittene Buttergarnituren

Das Mittelstück des Butterschneidegeräts in siedendheißes Wasser tauchen und damit von der Butter eine Scheibe abschneiden. Die abgeschnittenen Scheiben haben auf beiden Seiten einen gezackten Rand.

Ausgestochene Buttergarnituren

Die Butter in Scheiben schneiden und diese mit passend großen Ausstechförmchen ausstechen. Die ausgestochenen Formen anschließend in Eiswasser geben.

Ausgestochene Butter

Butterscheiben. Rechts: Dekorative Butterstücke mit Tomatenrose und Radieschenrose

Buttergarnituren

Butterkugeln

Das Butterschneidegerät in siedendheißes Wasser tauchen, auf die nicht zu harte Butter fest aufdrücken und das Gerät dabei gleichmäßig drehen. Die fertigen Kugeln in eine Schüssel mit kaltem Wasser und Eiswürfeln geben. Für verschiedene Dekorationen kann man die Butterkugeln zwischen zwei geriffelten Butterbrettchen modellieren oder in rotem Paprikapulver sowie feingehackten Kräutern wälzen.

Traube von Butterkugeln

Für eine Buttertraube werden etwa 30 bis 40 Butterkugeln benötigt. Für den Stiel und die Blätter mit einem in heißes Wasser getauchtem Messer Butterscheiben abschneiden, mit entsprechenden Schablonen die gewünschten Formen ausschneiden und auf einem Teller anrichten. Mit dem Messerrücken feine Adermuster hineinritzen. Dann die glatten oder geriffelten Butterkugeln traubenförmig anordnen.

Geformte Butterreliefs

Die beim Ausstechen anfallenden Butterreste kann man entweder als Streichbutter verwenden, oder man drückt die Reste in ein Buttermodel.
Das Buttermodel vor Gebrauch für einige Minuten in kaltes Wasser legen. Die weiche Butter in das Model drücken und mit dem Kolbengriff das reliefverzierte Portionsstück herauspressen.

Butterkugeln

Paprika und Kräuterkugeln

Buttermodel

Butterrollen

Butterrose

Butterrollen

Mit dem Butterschneidegerät kann man gezogene Butterrollen herstellen. Dafür ein 250-g-Päckchen Butter auf die lange schmale Seite stellen und auf der oben liegenden Seite das Gerät zügig von einem Ende zum anderen ziehen.
Die Butteröllchen anschließend in Eiswasser legen.

Butterrose

Zimmerwarme Butter cremig rühren und in einen Spritzbeutel mit Flachtülle füllen. Eine etwa 10 cm lange Stopfnadel mit der stumpfen Ösenseite in einen Korken und mit der Spitze in einen festen, halbierten Apfel stecken. Die Oberseite des Korkens mit Alufolie abwickeln. Nun mit dem Spritzbeutel die Butter aufspritzen, dabei den Korken behutsam drehen, so daß zunächst eine kleine Knospe entsteht. Anschließend die kleineren Innenblätter von etwa 3 bis 4 cm Breite aufspritzen, und zwar so, daß sie wellenförmig mit einer Aufwärtsbewegung der Tülle angespritzt werden. Die nach außen gehenden Blütenblätter werden etwas breiter und länger gespritzt.
Damit die Rosenblüte etwas größer und ausladender wird, sollte sie durch vorsichtiges Blasen von oben verändert werden. Die Rose anschließend zum Härten mit der Unterlage in den Kühlschrank stellen.

Buttertraube, Butterrosen, Butterrollen und Portionsstückchen aus dem Buttermodel. Unten rechts: Butterkugeln mit Paprika und Kräutern

Garnituren mit Eiern

Hühnereier

Eier gibt es in sieben verschiedenen Gewichtsklassen von etwa 45 g bis 70 g und mehr. Eier variieren aber nicht nur in Größe, Farbe und Gewicht, sondern auch in der Frische. Hühnereier sollten für Garnierungen etwa 10 Minuten gekocht werden. Anschließend muß man die Eier sofort in kaltem Wasser abschrecken. Danach lassen sie sich besser schälen.

Wachtel- und Möveneier

Wachteleier haben eine Kochzeit von etwa 5 Minuten, Möveneier müssen ungefähr 8 Minuten kochen.
Wachtel- und Möveneier sollte man nicht ganz schälen, sondern nur an der Spitze etwa ein Drittel der Schale rundherum entfernen.

Eier kochen

Eier müssen vor dem Kochen angestochen werden. Man verwendet dazu spezielle Eierpikser und sticht damit ein ganz feines Loch in das dickere, abgeflachte Ende des Eies, wo sich die Luftkammer befindet.
Diese Methode gilt für alle Eier, auch für Wachteleier und Möveneier (Saison: Anfang Juni).

Frischetest

Die Frische eines Eies läßt sich durch eine Schwimmprobe prüfen. Man legt das Ei dazu in ein mit Wasser gefülltes Glas. Bei einem frischen Ei ist die Luftkammer sehr klein, und das Ei ist relativ schwer. Deshalb sinkt es im Wasserglas nach unten und bleibt flach liegen.
Ein Ei, das eine Woche alt ist, verhält sich anders. Die Luftkammer, die sich am dickeren, abgeflachten Ende befindet, vergrößert sich, und dadurch steigt das Ei hoch. Es stellt sich mit dem abgeflachten Ende schräg nach oben.
Ein Ei, das zwei bis drei Wochen alt ist, hat eine größere Luftkammer und dadurch so viel Auftrieb, daß es sich im Wasserglas aufrecht auf die Spitze stellt.
Ein etwa fünf bis sechs Wochen altes Ei schwimmt im Wasserglas an der Oberfläche; ein solches Ei sollte man nicht mehr verwenden.

Arbeitsgeräte

Mit den beiden Eierschneidern lassen sich die hartgekochten Eier rasch zerteilen. Das Buntmesser dient zum dekorativen Zerschneiden von Eiweiß. Mit dem Spritzbeutel und der Lochtülle wird die Füllung dekorativ in die Eihälften gespritzt.
Der Eierpikser ist zum Anstechen der Luftkammer des Eies vor dem Kochen wichtig, damit das Ei nicht platzt.

Garnituren mit Eiern

Eierscheiben und -Sechstel

Zum Schneiden der hartgekochten Hühnereier gibt es zwei verschiedene Schneidegeräte. Diese schneiden das Ei entweder in gleichmäßige Scheiben oder Sechstel.

Mit dem Scheibenschneider lassen sich auch Streifen oder Würfel schneiden, wenn man das einmal in Scheiben geschnittene Ei im Schneidegerät umdreht. Diese Streifen oder Würfel eignen sich als Garnitur für Blattsalate.

Halbierte Eier

Es gibt zwei Möglichkeiten, ein gekochtes Ei zu halbieren. Man kann es der Länge nach oder quer durchschneiden.
In beiden Fällen sollten die Eihälften an der Unterseite etwas abgeflacht werden, damit sie besser stehen.

Eiwürfel

Eischeiben

Eisechstel

Abflachen

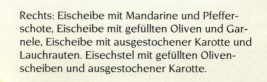

Rechts: Eischeibe mit Mandarine und Pfefferschote, Eischeibe mit gefüllten Oliven und Garnele, Eischeibe mit ausgestochener Karotte und Lauchrauten. Eisechstel mit gefüllten Olivenscheiben und ausgestochener Karotte.

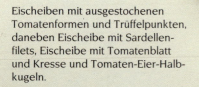

Eischeiben mit ausgestochenen Tomatenformen und Trüffelpunkten, daneben Eischeibe mit Sardellenfilets, Eischeibe mit Tomatenblatt und Kresse und Tomaten-Eier-Halbkugeln.

Gehacktes Ei auf kannelierten Gurkenscheiben mit Radieschenstreifen und halbierte Eier mit Salamitüte, Bündnerfleischröllchen und Spargel.

Eisechstel und Tomatensechstel mit gefüllten Olivenscheiben

Garnituren mit Eiern

Maiglöckchen

Ein hartgekochtes Ei mit dem Scheibenschneider in gleichmäßige Scheiben schneiden und das Eigelb entfernen. Man kann es für Salate oder als Brotbelag verwenden.

Das Eiweiß mit einer runden Lochtülle Nr. 10 ausstechen und mit dem gezackten Buntmesser ein Drittel des Kreises abschneiden. So entsteht ein stilisiertes Blütenglöckchen.

Aus gedünstetem Lauch mit einem scharfen Messer Blätter und Stiele ausschneiden und die Blütenglöckchen daranlegen.

Eigelbcreme

Für zwei hartgekochte Eier benötigt man 20 g Butter, etwas Salz, Pfeffer und Senf.

Die hartgekochten Eier schälen und behutsam mit dem Messer der Länge nach halbieren.

Das Eigelb in ein feines Sieb geben und mit Hilfe des Eßlöffels in eine Schüssel passieren. Anschließend die weiche Butter hinzugeben und die Mischung salzen, pfeffern und mit Senf abschmecken. Alle Zutaten cremig verrühren.

<u>Hinweis:</u> Falls die Eigelbcreme zu fest wird, die Schüssel mit der Creme ins warme Wasserbad stellen und so lange rühren, bis die Creme die gewünschte Konsistenz aufweist.

Ist die Creme zu weich, fast dickflüssig, wird sie in den Kühlschrank gestellt und ab und zu durchgerührt.

Das Eiweiß an der gewölbten Stelle etwas abschneiden, damit die gefüllten Eier später gut stehenbleiben. Anschließend das Eiweiß in eine Schüssel mit Salzwasser legen.

Die Füllung mit der Zackentülle in die Hälften spritzen und garnieren.

Eischeiben — Eihälften — Gefüllte Eier
Ausgestochenes und geschnittenes Eiweiß

Wachteleier auf Kresse- und Radieschennest. Unten links: gefüllte und verschieden verzierte Eihälften. Unten rechts: Maiglöckchen

Aspik

Aspik für Obst

10 Blatt Gelatine Goldqualität (in der warmen Jahreszeit) oder 8 Blatt Gelatine Goldqualität (in der kühlen Jahreszeit), 1/2 l trockener Weißwein, Saft von 1/4 Zitrone, 70 g Zucker.
Die Gelatineblätter in kaltem Wasser etwa 10 Minuten quellen lassen und dann gut auspressen. Die Hälfte des Weißweins in einem kleinen Topf erhitzen und den Topf kurz vor dem Kochen der Flüssigkeit von der Herdplatte nehmen.
Die ausgepreßten Gelatineblätter zum Wein geben und unter langsamem Rühren auflösen. Anschließend den Zitronensaft und den Zucker hinzufügen und die Aspiklösung bis kurz vor den Gelierpunkt kaltrühren. Der Gelierpunkt liegt bei etwa 28–30°C.
Den Aspik mit einem Kuchenpinsel auf das Obst auftragen.

Madeira-Aspik für Fleischgerichte

450 g klare Ochsenschwanzsuppe, 50 g Madeira, 1 Prise Salz, 20 g Aspikpulver (für mittelweiches Gelee), oder: 40–50 g Aspikpulver (für schnittfestes Gelee).
Die Ochsenschwanzsuppe durch ein Tuch sieben, damit weder Fett noch Fleisch in der Brühe bleiben.
Das Aspikpulver etwa 10 Minuten in einem Drittel (150 g) der klaren, kalten Ochsenschwanzsuppe quellen lassen. Die restliche klare Ochsenschwanzsuppe aufkochen, den gequollenen Aspik hinzugeben, unter langsamem Rühren auflösen und den Madeira darunterrühren.
Die Flüssigkeit in ein flaches Gefäß gießen und im Kühlschrank erstarren lassen.

Dillaspik für Fischgerichte

500 g klare Fischbrühe (mit trockenem Weißwein), 20 g Aspikpulver (für mittelweiches Gelee) oder: 40–50 g Aspikpulver (für schnittfestes Gelee), 1 Bund Dill.
Das Aspikpulver in etwa einem Drittel der kalten Fischbrühe ungefähr 10 Minuten quellen lassen. Die restliche Fischbrühe aufkochen, den gequollenen Aspik hinzugeben und unter langsamem Rühren auflösen. Den Dill sehr fein schneiden. Den Fischaspik anschließend bis kurz vor dem Erstarrungspunkt (etwa 35°C) im kalten Wasserbad kaltrühren und erst dann die feingeschnittenen Dillspitzen hinzufügen.

<u>Hinweis:</u> Dadurch, daß der Dill erst kurz vor dem Erstarren des Aspiks hinzugegeben wird, setzt er sich nicht am Boden ab.

Aspikverarbeitung

Aspik ist eine pulverisierte Speisegelatine, mit der Bouillon oder andere Brühen geliert werden können.
Aspikpulver ist eine rein gewonnene Eiweißart. Daher müssen alle Arbeitsgeräte wie Schüsseln, Töpfe und Schneebesen besonders sauber sein; für Keime, Bakterien und Sporen ist die Aspiklösung eine besonders gute Lebensgrundlage.

Aspiklösung abfetten

Wird eine Rinder- oder Hühnerbrühe mit Aspik geliert, können sich Fettaugen absetzen. Im warmen Zustand sind diese Fettaugen durchsichtig – beim Gelieren werden sie aber kalt und fest und bilden kleinere oder größere Fettinseln auf der Oberfläche. Zum Abfetten legt man eine saugende Papierserviette auf die warme Aspiklösung, hebt sie ab und entfernt so die Fettaugen. Diesen Vorgang so lange wiederholen, bis sämtliche Fettaugen abgehoben sind.

Arbeitsgeräte

Mit Hilfe von Lineal und Messer wird der Aspik in verschiedene Formen zerschnitten.
Die Ausstechförmchen mit verschiedenen Motiven dienen zum Ausstechen von Aspikdekorationen.
Mit dem Pinsel lassen sich vorbereitete Fleischgerichte oder Gemüsedekorationen mit Aspik überziehen.
Aspikreste werden mit dem Messer grob gehackt. Diese Würfel ergeben schnelle Randdekorationen.

Aspikwürfel

Aspik

Aspiküberzug für Fleisch und Fisch

1. Die Aspiklösung bis etwa 34°C abkühlen und mit einem weichen Pinsel auf das Fleisch oder den Fisch auftragen.
2. Das Fleisch- oder Fischstück auf ein Kuchengitter legen und die Aspiklösung mit einer Schöpfkelle darübergießen. Das überflüssige Aspik tropft ab, und es bleibt ein dünner Überzug.

Platten mit einem Aspikspiegel ausgiessen

Um festzustellen, welche Aspikmenge zum Ausgießen einer Platte benötigt wird, gießt man diese zuerst mit Wasser aus und fängt das abgemessene Wasser in einem sauberen Topf auf. Für einen Aspikspiegel sollte das Aspik besonders fest sein: Auf 1 Liter Wasser 70 g Aspikpulver verwenden und in der beschriebenen Art auflösen. Diese Aspiklösung nun etwa 5 mm dick auf die vorbereitete Platte gießen. Eventuell entstandene Luftblasen mit dem Finger oder der Breitseite eines Messers abtippen.

Fleischscheiben mit Aspik überziehen

Schinkenscheibe mit Aspik einpinseln

Melonenkugeln in Aspik tauchen

Platte mit Aspikspiegel ausgießen

Falls die Platte nicht eben aufliegt und die Aspiklösung sich an einer Stelle sammelt, kann man durch Unterlegen eines Messers den Aspikspiegel korrigieren. Die Platte nun nicht mehr berühren, bis der Aspik geliert ist.
Ob der Aspikspiegel fest ist, erkennt man daran, daß sich beim Daraufblasen keine Wellen mehr auf dem Aspik bilden.
Die Platte erst nach dem Erstarren des Aspiks mit Fleisch, Wurst oder Fisch belegen.

Platte mit Aspikspiegel, darauf ausgestochene und geschnittene Aspikformen. Die Platte wurde belegt mit Roastbeef, Spargel, gekochtem Schinken, Eischeiben, Radieschen und Cornichons

Aspik

Blüten unter Aspik

Gestocktes Eiweiß von 3 Eiern, 2 Scheiben Eigelb, 16 kleine Ellipsen aus schwarzer Garniermasse oder Trüffel, 2 Blütenblätter und Stiele aus gedünstetem Lauch oder Gurkenschalen.
Die Eiweiße in eine gebutterte Tasse geben und im Wasserbad bei 80°C stocken lassen.
Die Eigelbscheiben mit einem runden Ausstecher von 1,5–2 cm Durchmesser ausstechen. Das gestockte Eiweiß in dünne Scheiben schneiden und diese ellipsenförmig ausstechen. Davon werden 16 Blättchen benötigt.
Die 16 kleinen Ellipsen auf die weißen Blättchen auflegen, jedoch vorher immer in Aspik tunken!
Anschließend die Eigelbscheiben rundherum mit Aspik einpinseln, damit sich keine Partikel ablösen, die den Aspikspiegel später trüben. Die so vorbereiteten Eigelbscheiben trocknen lassen, dann nochmals in Aspik tunken und auf die Platte setzen. Um die Eigelbscheiben die Eiweißellipsen anordnen – diese dazu ebenfalls noch einmal in Aspik tunken. Als Abschluß die Blütenblätter und Stiele auflegen. Die Platte kalt stellen, so daß der Aspik fest werden kann. In der Zwischenzeit den Plattenaspik auf etwa 36 bis 38°C abkühlen und damit die Platte ausgießen.
Hinweis: Der Plattenaspik muß deshalb so stark abkühlen, damit sich die mit Aspik aufgeklebte Garnitur nicht von der Platte ablöst und an der Oberfläche schwimmt.

Eiweiß ausstechen

Garniermasse ausstechen

Mit Aspik bestreichen

Eigelb ausstechen

Lauch ausschneiden

Platte mit Blüten unter Aspik, belegt mit gefüllten Schinkenröllchen

Cocktailhappen und Canapés

Cocktailhappen

Cocktailhappen sind rund oder gewellt ausgestochene Pumpernickel-, Graubrot- oder Weißbrotscheiben, die mit Wurst, Käse oder Fisch sowie Obst und Gemüse belegt werden. Zum Schluß befestigt man die einzelnen Zutaten mit einem Cocktailspießchen auf dem Brot. Zum Ausstechen des Brotes verwendet man Ausstecher zwischen 34 bis 36 mm Durchmesser.

Canapés

Canapés sind gebutterte Toastbrot- oder Kastenweißbrotschnitten mit verschiedensten Belägen. Allerdings verzichtet man bei den Canapés auf die Spießchen – diese passen besser zu den rustikaleren Cocktailhappen.
Bei den Canapés kann man wählen zwischen runden Formen mit 5,5 oder 6 cm Durchmesser, ovalen Formen mit 6,5 cm Länge und 4 cm Breite sowie rechteckigen Formen mit den Maßen 6 cm x 4 cm. Eine zusätzliche Variante bringen dreieckige Canapés von 7 cm Seitenlänge.

Arbeitsgeräte

Ausstecher, Messer und Cocktailspießchen werden für die Zubereitung der verschiedenen Cocktailhappen und Canapés benötigt.

Lachsschinkentasche mit Spargelspitzen und gefüllten Olivenscheiben

Crème des Prés mit Pfefferkäse und Kresse

Bauernschinkenhütchen mit halber Eischeibe und Gurkenfächer

Eischeiben mit Sardellenfilets und Kabern

Roastbeefhütchen mit Palmmarkscheiben und Hot-Dog-Relish

Blattsalat, Gewürzgurkenscheiben, Matjesfilet, Eischeibe und Zwiebelscheiben

Räucherlachshütchen mit ausgestochener, halber Eischeibe, Sahnemeerrettich, Scampi und Kapern

Links: Cocktail mit ausgestochener Gouda- und Birnenscheibe, Roquefortcreme, Mandel und Cocktailkirsche, daneben: Lachsschinkenröllchen mit Spargelabschnitten auf Tilsiter mit Melonenkugel, darunter: Matjesheringsröllchen auf ausgestochener Eigelbscheibe und Silberzwiebel

Goudakäse, Roastbeefröllchen mit Sahnemeerrettich gefüllt und Cornichon

Appenzeller, Goudawürfel, Tomatenblatt mit Silberzwiebel

Chesterkäse, Salamitüte, Cornichonscheiben und Silberzwiebel

Gurkenscheibe, Tatarbällchen, Sardellenfilet, Olive

Edamerscheibe, Kugel aus Kräuterkäse mit Bröseln, Eischeibe

Emmentaler, Bündnerfleisch mit Frischkäsecreme, Olive

Cocktailhappen und Canapés

Plattenaufbau

Geradlinige Anrichteweise

Die Cocktailhappen oder Canapés werden direkt neben- und hintereinander angeordnet. Diese Art des Anrichtens empfiehlt sich für größere Platten – das Verhältnis der Größe der Platte sollte jedoch mit der Anzahl der Cocktailhappen oder Canapés harmonieren, damit keine zu großen Lücken entstehen.

Anrichteweise auf „Luke"

Diese Art des Anrichtens empfiehlt sich, wenn möglichst viele Cocktailhappen und Canapés auf einer kleineren Platte serviert werden.
Bei dieser Variante sitzen die Canapés geradlinig hinter- und nebeneinander, und die Cocktailhappen finden zwischen den „Luken" Platz. Der Vorteil dieser Art des Anrichtens besteht darin, daß ein geschmacklich breites Band für den Gaumen und ein buntes Bild fürs Auge entstehen.

V-förmige Anrichteweise

Beim Anrichten von runden Platten richtet sich die Legeweise der Canapés und Cocktailhappen nach der Anzahl der Teile, die auf die Platte gelegt werden sollen.
Bei weniger Cocktailhappen oder Canapés wählt man die gerade Anrichteweise. Möchte man mehrere Happen unterbringen, empfiehlt sich die V-förmige Legeweise.

Anrichteweise auf „Luke"

Geradlinige Anrichteweise auf rechteckiger und ovaler Platte

V-förmige Anrichteweise

Cocktailhappen mit Käseigel. Auf einer ovalen Platte wurde als Mittelpunkt ein Käseigel gewählt. Rechts und links davon sind Roastbeefröllchen und Salamitüten angeordnet

Canapés und Cocktailhappen auf rechteckiger Platte

Medaillons und Cocktails

Medaillons

Medaillons sind kleine Leckereien, die als Vorspeisen, für kalte Platten und Büffets verwendet werden können.
Medaillons werden aus Filets vom Rind, Kalb oder Schwein zubereitet und mit Gemüsen und Cremes verziert.
Medaillons aus Meeresfrüchten lassen sich ebenfalls dekorativ anrichten und passen besonders gut zu frischem Gemüse, vor allem zu Gurken oder frisch zubereiteten Artischockenböden.

Cocktails

Das Angebot an speziellen Cocktailgläsern – mit geschliffenen Ornamenten, kobaltblauem Rand oder Goldrand – ist vielfältig. Aber selbst bei einem einfachen Glas ohne besonderen Schmuck braucht man nicht auf einen ansprechenden Rand zu verzichten.
Hier bringt eine Zuckerrandgarnitur – vielleicht mit Speisefarbe bunt eingefärbt – Abwechslung.

Zutaten für Scampifächer auf Artischockenboden

Gefülltes Poulardenbrüstchen (aus dem Feinkostgeschäft) mit Mandarinenfilet, Cocktailkirsche und Angelikaraute auf Ananas

Spargelsträußchen mit Bündnerfleischstreifen auf Salatgurke, Eischeibe und Schinkencreme

Lachsschinkenröllchen mit Spargelspitzen, Cocktailkirschen und Angelikarauten

Schweinemedaillon mit Glanzsauce, Geflügellebercreme, kandiertem Ingwerstäbchen und Walnuß

Kalbsfilet mit Glanzsauce, Geflügellebercreme, Mandel und Melonenkugel

Artischockenboden, Sahnemeerrettich, Scampifächer, Dillästchen und Trüffelkreis

Räucheraal mit Dill und Olivenscheiben auf Salatgurke, Eischeibe und Sahnemeerrettich

Matjesheringröllchen mit Wachteleihälfte und Tomatenknopf auf Salatgurke und Eischeibe

Sardellentrio mit Olivenscheibe und Silberzwiebel auf Salatgurke und Eischeibe

Medaillons und Cocktails

Zuckerrandgarnitur

Zunächst etwas Eiweiß oder aufgelösten Aspik in einen Teller geben. Etwas Zucker mit einem Tropfen Speisefarbe vermischen und auf einem weiteren Teller gleichmäßig verteilen.

Das Cocktailglas nun zunächst mit der Öffnung etwa 2 mm tief in das Eiweiß bzw. den Aspik eintauchen. Den Glasrand anschließend etwa 2 mm tief in den Zucker eindrücken und beim Herausnehmen leicht abklopfen.

Hinweis: Rote Zuckerränder sehen bei hellen Cocktails besonders gut aus; ein weißer Zuckerrand paßt hervorragend für dunkle Cocktails. Für die gemischten Blattsalate, Gemüse-, Wild- und Fischcocktails kann man die Gläser auch mit einem Kräuterrand verzieren. Dafür werden die Kräuter sehr fein gehackt und in einem Küchentuch ausgepreßt. Wie oben beschrieben, wird der Glasrand erst in Eiweiß oder Aspik und dann in die trockenen Kräuter getaucht.

Glasrand aus rot eingefärbtem Zucker

Oben: Scampicocktail
Links: marinierter Hummer auf Blattsalat

Oben links: Spargelcocktail.
Daneben: Cocktail mit Riesengarnelen.
Links: Königsgarnelen in der Melone

CREMEGARNITUREN

DEUTSCHE BUTTERCREME

1/2 l Milch, 1 Päckchen Vanille-Pudding-Pulver, 50 g Zucker, 2 Eidotter, 1 Gläschen Orangenlikör, 350 g Butter.

3/4 der Milch in einen Topf geben und zum Kochen bringen. Das Pudding-Pulver mit der restlichen Milch klumpenfrei anrühren und in die kochende Milch ziehen. Den Zucker einrühren und nach Anweisung den Pudding kochen. Vom Feuer nehmen und leicht erkalten lassen. Die Eidotter und den Orangenlikör unter den Pudding ziehen und erkalten lassen.
In der Zwischenzeit die zimmerwarme Butter im Rührgerät 15 Minuten weiß-schaumig schlagen. Anschließend den Pudding unterziehen.

FRANZÖSISCHE BUTTERCREME

3 ganze Eier, 4 Eidotter, 150 g Zucker, 1 Päckchen Vanillezucker, 1 Gläschen Orangenlikör, 350 g Butter.
Die Eier mit dem Eigelb in eine feuerfeste Schüssel geben. Den Zucker, den Vanillezucker und den Orangenlikör darunterschlagen, bis eine dicke Creme entstanden ist. Vom Feuer nehmen und so lange rühren, bis die Creme erkaltet ist. In der Zwischenzeit die Butter mit dem Rührgerät in 15 Minuten weiß-schaumig schlagen und anschließend die Eiercreme darunterziehen.

EINGEFÄRBTE BUTTERCREME

Buttercreme läßt sich sowohl farblich als auch geschmacklich vielfach abwandeln. Es muß jedoch darauf geachtet werden, daß alle Zutaten, die zum Färben oder zur Geschmacksveränderung verwendet werden, Zimmertemperatur haben bzw. pulverfein gemahlen sind, bevor sie mit der Creme vermischt werden.
Zum Braunfärben von Buttercreme eignen sich Nougat, Schokolade oder mit Rum aromatisierter Kaffee.
Fruchtpürees aus Erdbeeren oder Himbeeren sowie feingemahlene Nüsse, wie Haselnüsse oder Pistazien, ergeben hübsche Farben und einen leckeren Geschmack.

Wahlweise mit Loch- oder Sterntüllen gespritzte Verzierungen für Torten und Cremeschnitten

Arbeitsgeräte

Für die Garnituren wird ein Spritzbeutel benötigt, dazu als Grundausstattung Sterntüllen in den Größen 5, 7 und 9 sowie Lochtüllen in den Größen 6, 8 und 10. Die starken Tüllen 9 und 10 werden speziell für Sahnetorten verwendet.

Fortlaufende Randgarnierung

Für die Randgarnierung wird eine Lochtülle Stärke 8 oder eine Sterntülle Stärke 7 benötigt.

Tupfenrand

Die Creme aus dem Beutel drücken, bis die gewünschte Tupfengröße erreicht ist. Dann aufhören zu drücken und die Tülle nach oben wegziehen.

Perlrand

Die Creme aus dem Beutel drücken, bis die gewünschte Perlengröße erreicht ist. Dann nur noch leicht drücken und die Tülle nach vorne wegziehen.

Perlrand versetzt

Die gleiche Spritzweise wie beim Perlrand anwenden, nur daß die Tülle abwechselnd nach links und nach rechts weggezogen wird.

Raupenrand

Gleichmäßige Ringe spritzen, die sich spiralförmig nach vorne fortsetzen.

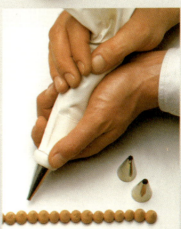

So hält man den Spritzbeutel

Der Spritzbeutel wird am unteren Ende zwischen Daumen und Zeigefinger der linken bzw. rechten Hand gehalten und mit derselben Hand geführt. Mit der rechten bzw. linken Hand hält man den Beutel oben zusammen und drückt die Buttercreme aus der Garniertülle.

CREMEGARNITUREN

GARNIERUNGEN FÜR EINZELNE TORTENSCHNITTEN

Für die folgenden Garnierungen können die Tüllenstärken 6 und 8 verwendet werden.
Zuerst den Mittelbalken spritzen, dann die beiden Nebenbalken.
Zuerst den langen Balken spritzen, dann die beiden kleineren.
Zum Schluß den runden Garniturpunkt aufspritzen. Mit Schokoladenblättchen, Nüssen oder Pistazien verzieren.
Zuerst die beiden Balken spritzen, dann die Tupfen in die Mitte dazwischen.
Das Törtchen umdrehen, ein großes L spritzen und auf die Schleife die Garnitur setzen.
Ein schlankes S spritzen. Hier paßt eine Garnitur in die untere Schleife. Für diese Verzierung ist auch eine Sterntülle geeignet.
Zwei Halbschleifen gegeneinander spritzen. Wo sie zusammentreffen, kann eine Garnitur aufgelegt werden.
Ein Z spritzen. Eine Garnitur kann in den größeren Zwischenraum gesetzt werden.
<u>Hinweis:</u> Für diese Verzierungen kann auch steifgeschlagene Sahne verwendet werden.

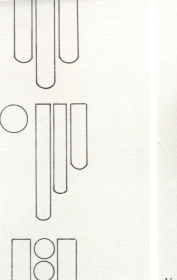

Verschiedene Verzierungen aus Buttercreme, entweder mit Loch- oder Sterntüllen gespritzt. Fertige Zuckerverzierungen oder Nüsse bringen zusätzliche Effekte

Schokoladen- und Zuckerglasur

Schokoladenglasur

Für die Schokoladenglasur wird in der Backstube in erster Linie Kuvertüre verwendet. Achten Sie beim Einkauf darauf, daß Sie nicht die einfache Blockschokolade bekommen. Diese Schokolade ist zu mager und muß deshalb mit Kakaobutter oder Kokosfett angereichert werden. Kuvertüre gibt es in verschiedenen Geschmacksvarianten, ob Vollmilch oder Zartbitter.
Man kann für die Glasur auch normale Schokolade verwenden. Sie besteht aus Kakaomasse sowie Zucker und wird zum Teil auch unter Zusatz von Kakaobutter hergestellt. Teilweise werden der Schokolade auch Milch, Sahne oder aromatisierende Zutaten hinzugefügt.

Temperieren (Verflüssigen)

Die Kuvertüre in eine trockene Schüssel geben und diese in ein warmes Wasserbad stellen. Die Schüssel nie direkt auf eine Flamme oder die warme Herdplatte stellen, da die Kuvertüre leicht anbrennt.
Sobald sich die Kuvertüre vollständig aufgelöst hat, stellt man sie an einen kühlen Ort und läßt sie gerade so weit abkühlen, daß sie zu erstarren beginnt. Das ist der Augenblick, in dem man die Kuvertüre wieder ganz vorsichtig erwärmen muß. Dazu die Schüssel ab und zu ins warme Wasserbad stellen und die Kuvertüre unter ständigem Rühren auf 32°C (Schmelzpunkt der Kakaobutter) erwärmen.

<u>Hinweis:</u> Beim Erwärmen von Kuvertüre über 34°C trennt sich die Kakaobutter von der Kakaomasse und schwimmt an der Oberfläche der Kuvertüre.
Läßt man die Kuvertüre nun erkalten und dadurch fest werden, nimmt die obenauf schwimmende Kakaobutter beim Festwerden eine weiße Farbe an. Dies hat allerdings nichts mit einer Qualitätsminderung zu tun.

Messerspitzenprobe

Um wirklich sicher zu gehen, daß die Kuvertüre den richtigen Schmelzpunkt erreicht hat, eine Messerspitze in die Kuvertüre tauchen und etwas davon aufnehmen.
Das Messer beiseite legen und die Kuvertüre erstarren lassen (am besten im Kühlschrank). Wird die Kuvertüre nach 2–3 Minuten fest, dann ist die richtige Temperatur erreicht.

Zuckerglasur

Bei der Zuckerglasur unterscheidet man grundsätzlich in zwei verschiedene Grundrezepte. Für die Eiweißglasur werden etwa 200 g gesiebter Puderzucker mit einem Eiweiß verrührt.
Für die gekochte Glasur werden 200 g Puderzucker mit 2–3 Eßlöffel kochendem Wasser angerührt. Beide Glasuren werden durch ein feines Sieb gestrichen, damit sie glatt werden und keine Klümpchen bilden. Anschließend mit einem feuchten Tuch abdecken, damit sich keine Haut bildet.

Hinweis: Durch die Zugabe von Aromaträgern lassen sich die Zuckerglasuren geschmacklich und farblich variieren. Eine kräftigere Farbe erreicht man durch Lebensmittelfarben.

Arbeitsgeräte

Mit Hilfe eines Spatels, eines Messers und verschiedenen Ausstechförmchen wird die Schokolade in die entsprechende Verzierung verwandelt.

Spritztüte für feine Linien

Ein rechteckiges Stück Pergamentpapier diagonal falten und an der Falzkante mit einem scharfen Messer durchschneiden. Das dreieckige Stück Papier zwischen Daumen, Zeige- und Mittelfinger halten und mit dem anderen Zeigefinger sowie dem Daumen an den beiden Enden der stumpfen Seite beginnend nach innen eindrehen, so daß die Form eines Tütchens entsteht.

Die Spritzglasur einfüllen

Die Pergamentspritztüte zum Einfüllen der Glasur in einen Flaschenhals stecken, damit sie nicht umkippt.
Die Tüte nur bis gut zur Hälfte mit der jeweiligen Spritzglasur füllen.
Man drückt die hohe hintere Papierspitze nach vorne, faltet die rechte und linke Seite nach innen und rollt die eingefalzten Tütenenden auf, bis die Papierrolle einen Druck auf die eingefüllte Glasur ausübt.
Die Tütenspitze mit einer Schere in der gewünschten Stärke abschneiden. Schneidet man wenig ab, wird der Glasurfaden dünn – umgekehrt wird der Glasurfaden stärker, wenn man mehr von der Tütenspitze entfernt.

SCHOKOLADEN- UND ZUCKERGLASUR

Wie vielseitig die Schokoladen- und Zuckerglasur für die Ornamente verwendet werden kann, zeigen die folgenden Seiten. Es ist ganz einfach.

MUSTER FÜR EIN TORTENSTÜCK

Ein bekanntes Ornament, das sehr häufig für die festlichen Torten verwendet wird, ist die folgende Schokoladenform. Die Glasur wird in ein Pergamenttütchen gefüllt und eine auseinandergezogene flache Schleife gespritzt. Auf die erste wird nun eine höhere, breitere Schleife aufgetragen. Den Abschluß bildet dann eine hohe, spitze Haube, die die Schleifchen miteinander verbindet.

HERSTELLUNG DER SCHOKOLADENORNAMENTE

Zur Herstellung dieser kleinen Wunderwerke braucht man ein Stück Papier, auf das zuerst die gewünsche Form mit einem schwarzen Filzstift aufgezeichnet wird. Nun wird ein Bogen Pergamentpapier daraufgelegt. Die Glasur in ein Papiertütchen füllen und die durchscheinenden Linien mit der Glasur nachspritzen. Erst nach dem vollständigen Festwerden löst man die Ornamente mit einem scharfen Messer ab.

Hinweis: Zum Herstellen von Schokoladenornamenten nur eine gut temperierte Kuvertüre verwenden. Wenn die Kuvertüre beim Aufspritzen stark verläuft, kann man einen Tropfen Wasser hinzufügen. Aber Vorsicht, durch das Wasser wird die Kuvertüre immer fester.

AUFBEWAHREN DER SCHOKOLADENORNAMENTE

Wer sich nicht jedesmal die Mühe machen will, die Ornamente von neuem zu spritzen, der kann auf Vorrat arbeiten. Die auf Pergamentpapier gespritzten Formen werden schichtweise in eine Blech- oder Plastikdose gelegt und dann luftdicht verschlossen. Der Lagerplatz muß eine Temperatur von 10–15 Grad haben, denn die Schokolade darf nicht zerlaufen. So verpackt und gelagert hält sich die Schokolade mehrere Wochen.

Eine andere Möglichkeit ist das Einfrieren. Hier werden die Formen schichtweise in einer verschlossenen Gefrierbox gefrostet.

Hinweis: Nicht nur für Torten eignen sich diese Schokoladengarnituren. Für kleine Törtchen, Schnittchen, Pralinen oder für Dessertspeisen sind sie ein Augenschmaus. Wer will, kann die Ornamente auch mit Zuckerglasuren aufspritzen.

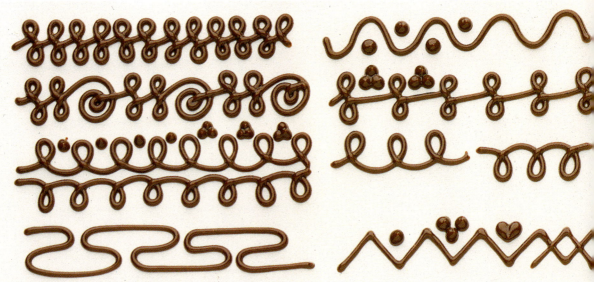

Schokoladenverzierungen für Tortenränder oder Petits fours

Gespritzte Schokoladenornamente für Petits fours, Torten oder Cremes

Schokoladen- und Zuckerglasur

Kuvertüre ausstreichen

Etwas temperierte Kuvertüre auf ein Stück Pergamentpapier geben und mit einem glatten Messer gleichmäßig stark ausstreichen.

Solange die Kuvertüre noch flüssig ist, kann man auch etwas bunten Zucker darüberstreuen. Die Kuvertüreschicht nun fest werden lassen – aber nicht so fest, daß sie bricht.

Die erstarrte Kuvertüre kann jetzt zurechtgeschnitten oder mit verschiedenen Formen ausgestochen werden.

Ausgestochene Figuren

Die gewählten Ausstechförmchen vor dem Ausstechen immer kurz in heißes Wasser tauchen. Die Schokoladenornamente vorsichtig ausstechen. Die ausgestochenen Formen nach dem vollständigen Erstarren der Kuvertüre aus der Schokoladenschicht herausbrechen. Zum Ausstechen gibt es Standardförmchen mit verschiedenen Motiven. Sie können für Kuvertüre (Schokolade), Marzipan, Trüffel und Aspik verwendet werden.

Schokoladentäfelchen

Die temperierte Kuvertüre auf ein Stück Pergamentpapier gießen und mit einer Palette oder einem Messer etwa 3 mm dick ausstreichen und an einem kühlen Ort erstarren lassen.

Mit einem angewärmten Messer (kurz über eine Gasflamme halten oder auf die warme Herdplatte legen) in die gewünschte Form schneiden.

Zurechtschneiden

Ausstechen

Petits fours mit gespritzter Schokoladenverzierung und Eisbombe mit Cremegarnitur und gespritzten sowie ausgestochenen Dekorationen aus Schokolade

Kombinationen von Marzipanverzierung und Zuckerglasur für verschiedene Anlässe. Petit fours mit Schokoladenüberzug und Zuckerglasurornamenten. Unten: Cremerolle mit Cremetupfen und ausgestochenen Schokoladenformen

Marzipan

Marzipanrohmasse

Marzipanrohmasse, die man fertig kaufen kann, besteht aus zwei Teilen süßen Mandeln und einem Teil Zucker. Für die Verarbeitung zum Verzieren kann sie mit der gleichen Menge feingesiebtem Puderzucker vermischt werden. In 100 g Marzipanrohmasse sollten vor der Weiterverarbeitung jedoch immer mindestens 50 g Puderzucker gemischt werden.

Hinweis: Das mit Puderzucker vermischte Marzipan trocknet leicht aus. Deshalb sollte es nur in der gewünschten Menge zubereitet und rasch verbraucht werden.

Gefärbtes Marzipan

Zum Färben das Marzipan mit dem Handballen flachdrücken und die gewünschte Speisefarbe oder etwas Kakao auf die Mitte geben. Das Marzipan anschließend von den Seiten her zur Mitte hin umschlagen und leicht kneten, bis es gleichmäßig gefärbt ist.

Arbeitsgeräte

Mit dem Messer sowie verschiedenen Ausstechförmchen und speziellen Holzspateln läßt sich das Marzipan dekorativ modellieren.

Figuren ausstechen

Zum Ausstechen von Figuren mit verschiedenen Förmchen wird das mit Puderzucker angereicherte Marzipan etwa 4 mm dick ausgerollt. Damit das Marzipan nicht an der Arbeitsfläche hängenbleibt, bestreut man diese mit etwas Puderzucker – nie Mehl dazu verwenden!
Zum Ausstechen des Marzipans können die gleichen Förmchen benutzt werden wie für die Schokoladenornamente (siehe Seite 106).

Tiere aus Marzipan

Die Körper der Tiere formt man aus einem 1 cm dicken und 5 cm langen Marzipanwürstchen.
Für die Beine wird das Würstchen etwa 1 cm vorne und hinten eingeschnitten. Für den Kopf rollt man ein Marzipanstück tropfen- bzw. kugelförmig.
Die einzelnen Marzipanteile werden mit Zuckerwasser zusammengeklebt.

Katze

Die Vorderfüße von oben leicht einschneiden, damit die Katze Krallen bekommt. An dem kugelförmigen Kopf werden die Ohren mit Mandelsplittern, die Augen und Schnurrhaare mit Schokoladenstreuseln, die Nase und der Schwanz mit rotgefärbtem Marzipan dargestellt.

Hase

Beim Hasen wird der tropfenförmige Kopf für die Ohren mit der Schere eingeschnitten.
Punkte aus Schokoladenspritzglasur bilden die Augen.
Der Schwanz ist aus Angelika oder Orangeat geschnitten. Als Ohren dienen zwei halbe Mandeln.

Maus

Für den Körper der Maus wird ein etwa 5 cm langes und 1 cm dickes Marzipanwürstchen in Birnenform modelliert. Die Augen sind Punkte aus Schokoladenspritzglasur, Mäulchen und Schwanz aus rotgefärbtem Marzipan.

Ausstechen

Einzelteile aus geformtem Marzipan für verschiedene Tiere: Katze, Hase, Maus

Links: ausgestochene Marzipanformen mit Schokoladenverzierung, Nüssen und Angelikarauten. Rechts: Marzipanzopf mit Krokant und Tiere aus Marzipan

Marzipan

Weite Tüte

Mit dem Rosettenausstecher einen gewellten Kreis ausstechen. Diesen bis zur Mitte mit dem Messer einschneiden und die beiden Schnittenden gegeneinander verdrehen, so daß eine Tüte entsteht. Diese Tüte mit einem Walnußkern verzieren.

Spitze Tüte

Mit einem Rosettenausstecher einen Kreis ausstechen und vom Mittelpunkt ausgehend ein Dreieck ausschneiden. Die beiden Schnittenden gegeneinander verdrehen, so daß eine spitze Tüte entsteht.
Die Tüte mit Buttercreme füllen und als Garnitur eine kandierte Belegkirsche daraufsetzen.

Marzipanrose

Als Innenteil der Rose dient ein „Stempel", der aus einer Marzipankugel modelliert wird. Für die Blütenblätter werden etwa 7 bis 9 Teile benötigt. Dafür rollt man Marzipankugeln mit einem Durchmesser von etwa 1 cm, legt diese auf die mit Puderzucker bestäubte Arbeitsfläche, drückt jede Kugel mit dem Finger flach und zieht mit dem Finger oder einer Palette den äußeren Rand der Marzipanscheibe zu einem dünnen Blütenblatt. Diese Blätter werden dann einzeln, jeweils versetzt um den Stempel gewickelt und an der unteren Stempelseite angedrückt. Zum Schluß wird die Rose am Stempel abgeschnitten.

Marzipanblätter

Für die Laubblätter das Marzipan etwa 4 mm dick ausrollen und die Blätter mit einem Messer ausschneiden.
Als Vorlage kann man sich eine Schablone aus Karton anfertigen. Die Blattmaserung wird mit dem Messer eingedrückt.
Die fertigen Laubblätter über einen Kochlöffelstiel legen und leicht in Form ziehen.
Für andere Blattformen mit dem Rosettenausstecher einen gezahnten Kreis ausstechen und die beiden Hälften mit etwas Eiweiß zusammendrücken.

Marzipanblume

Für die Blüte aus gelb eingefärbter Marzipanmasse entweder 9 runde oder 1 rundes und 8 ovale Blättchen ausstechen. Für beide Blütenvarianten werden zwei Blätter und ein Stiel aus grün eingefärbter Marzipanmasse ausgeschnitten.

Teile für eine Marzipanrose

Marzipanblatt

Tüten aus Marzipan

Marzipanblätter lassen sich über einem mit Puderzucker bestäubten Kochlöffelstiel hübsch formen

Marzipanblume aus ausgestochenen Kreisen

Verschiedene Blumenmotive aus Marzipan, die sich als Randverzierung oder auch als Dekoration für die Mitte einer Torte eignen

Puderzucker und Kakao

Streifenmuster

Zunächst sechs bis acht etwa 1 cm breite Streifen aus Pergamentpapier zuschneiden. Diese Streifen müssen insgesamt etwa 10 cm länger sein als der Durchmesser des Kuchens.
Die Streifen entweder zickzackförmig, parallel oder über Kreuz auf den Kuchen legen und bestäuben.
Die Papierstreifen anschließend an beiden Enden anfassen und vorsichtig senkrecht vom Kuchen heben, damit das entstandene Muster nicht verwischt.

Blattmuster

Ein besonders reizvolles Muster ergeben kleine gepreßte, schön geformte Blätter und Blüten, die man vor dem Bestäuben auf den Kuchen legt.

Andere Muster

Auch andere Muster, beispielsweise Kreise, Spiralen, Rhomben oder kleine Phantasieformen lassen sich aus Pergamentpapier zuschneiden und als Schablone zum Bestäuben verwenden.

Arbeitsgeräte

Mit der Schere werden die Schablonen zugeschnitten. Durch feine Haarsiebe stäubt man Puderzucker oder Kakao gleichmäßig auf den Kuchen.

Mit Hilfe von Schablonen aus Papier oder mit gesäuberten Blättern und durch Aufstäuben von Puderzucker oder Kakao lassen sich zarte Muster auf Kuchen und Cremes zaubern

REGISTER

A
Ananas 20
Ananasarrangement 23
Ananasboot 22
Apfel 14
Äpfel panieren 16
Äpfel pochieren 16
Äpfel zum Füllen 16
Artischocke 51
Artischockenboden 54
Artischockenschüssel 54
Aspikblüten 84
Aspik für Obst 80
Aspikspiegel 82
Aspikverarbeitung 81
Aubergine 40
Aubergine zum Füllen 48
Ausgestochene Gurken 62
Avocado 41
Avocado zum Füllen 48

B
Banane 20
Bananenboot 24
Bethmännchen-Kartoffeln 30
Birne 14
Brandteigformen 68
Brandteigschwan 68
Butter 70
Butterkugeln 72
Butterreliefs 72
Butterrollen 72
Butterrose 72
Buttertraube 72

C
Champignonkopf, gefüllt 67
Champignonkopf kannelieren 67
Champignonkopf tournieren 67
Champignons 66

D
Deutsche Buttercreme 94
Dillaspik 80

E
Eiergarnituren 76 ff.
Eigelbcreme 78
Eingefärbte Buttercreme 94

F
Fliegenpilz 44
Französische Buttercreme 94
Frühlingszwiebeln 37

G
Garnituren mit Champignons 66
Garnituren mit Kirschtomaten 42
Geleefrüchte 13
Gewürzgurken 60
Gewürzzwiebeln 37
Gurke 57
Gurkenblume 63
Gurkenboot 64
Gurkenecken 62
Gurkenfächer 60
Gurkenkrone 62
Gurkentraube 63
Gurkentürmchen 64

H
Hühnereier 74

K
Karotte 29, 32
Karottenformen 34
Kartoffelbällchen 30
Kartoffelbirne 30
Kartoffeln 28
Kartoffelteig 30
Kiwi 20
Kiwikrone 24

Kroketten 30
Kürbis 56
Kürbis zum Füllen 58
Kuvertüre 98

L
Limette 6

M
Madeira-Aspik 80
Maiglöckchen 78
Mandarine 6
Mandelbällchen 30
Marzipanblätter 106
Marzipanblume 106
Marzipanfrüchte 118
Marzipanrose 106
Marzipantiere 105
Marzipantüten 106
Melone 21
Melone, gefüllt 26
Melone mit Kugelrand 26
Melonenkrone 26
Möhre 29
Möhrenspirale 36
Möveneier 74

O
Obstigel 18
Orange 6
Orangenfilets 10
Orangenkörbchen 12

P
Paprika 40
Paprikaformen 46
Paprika zum Füllen 46
Perlzwiebeln 37
Pfirsich 15
Plattenaufbau für Cocktailhappen und Canapés 88

R
Radieschen 29, 32
Radieschenblume 32
Radieschenblüten 32
Rettich 29, 32
Rettichspirale 36

Rettich zum Füllen 36
Rote Zwiebel 37

S
Salatgurken 62
Schalotte 37
Schokoladenfiguren 102
Schokoladenornamente 100
Schokoladentäfelchen 102
Sellerie 28
Sellerieformen 34
Spargel 50
Staudensellerie 50

T
Tomate 40
Tomatenblatt 43
Tomatenblume 44
Tomatenkorb 44
Tomatenkrone 44
Tomatenrose 43

W
Wachteleier 74
Weiße Zwiebel 37

Z
Zitrone 6
Zitronenecken 10
Zitrusfächer 6
Zitrusfrüchte kannelieren 8
Zitruskrone 12
Zitrusseerose 11
Zitrusspalten 10
Zucchini 56
Zucchiniboot 60
Zucchinischiffchen 60
Zucchinitürmchen 60
Zucchini zum Belegen 60
Zwiebelblume 38
Zwiebelringe 38